20
20

OUSE CONTAR O TEMPO

CLÁUDIO CÉSAR MACHADO

PRINCIPIOS CRISTÃOS

Ouse contar o tempo
1ª edição: 2020
Cláudio César Machado

Coordenação Editorial
Nilce Sousa
Edição, revisão
Suellen de Araújo Costa
Diagramação e Projeto Gráfico
Marcus V. P. Alcântara
Capa
Caio Vieira de Azevedo

Organização: Cevi Produções / CNPJ 07.856.521/0001-94
ceviproducoes@gmail.com

M149o Machado, Cláudio César
　　　Ouse contar o tempo / Cláudio César Machado; Coordenação editorial Nilce Sousa; edição, revisão Suellen de Araújo Costa; diagramação e projeto gráfico Marcus V. P. Alcântara. – 1. ed. – Caldas Novas-GO : CEVI, 2020.
　　　254 p. ; 15 x 23 cm.

　　　Inclui notas
　　　ISBN: 978-65-5642-046-2

　　　1. Tempo – Aspectos religiosos. 2. Aprendizado. 3. Conhecimento. 4. Crescimento espiritual. 5. Maturidade. 6. Conquista. I. Título.

　　　　　　　　　　　　　　　　　　　　　CDU: 248

Catalogação na publicação por: Onélia Silva Guimarães CRB-14/071

Cláudio César Machado é fundador e apóstolo do Ministério Braço Forte do Senhor. Teólogo e escritor, seu ministério tem sido marcado especificamente nas áreas de fé e capacitação de lideranças. Como conferencista e palestrante atua em várias áreas, entre elas, inteligência emocional, jovens e formação de líderes.

À minha querida mãe, Maria Aparecida que descansa em Deus, que enquanto teve tempo nesta vida, se dedicou ao Senhor em serví-lo com fé, amor e alegria, dando testemunho de muitos milagres. Te encontrarei em breve na eternidade.

Agradecimentos

Esta obra é o resultado de uma vida de aprendizado e experiências vivenciadas ao longo do tempo. E essas experiências trouxeram à tona uma curiosidade que despertou uma busca por conhecer o que era desconhecido, pois o tempo se torna misterioso para aqueles que não procuram entende-lo, mas os curiosos sempre alcançam o que procuram.

Nenhuma conquista que venhamos obter neste mundo, é adquirida sem a ajuda de várias pessoas conhecidas e desconhecidas que passaram pela nossa vida deixando alguma marca. Eu particularmente devo toda medida do meu crescimento a uma variedade de contribuições ao longo dos anos, e estas vindas de muitos mentores, amigos, incentivadores, discípulos e parentes.

Em particular a este livro, aqui estão apenas algumas dessas pessoas que tornaram esta obra possível, que contribuíram de forma direta e indireta com todo o carinho e atenção necessária:

A minha amada esposa Renata Machado, por seu constante apoio, amor, compreensão e paciência para comigo em todo tempo.

Aos discípulos Daniel e Karoline leite, que sempre presentes em minha vida e de minha esposa, em todos os tempos e estações, e que no inverno em nossas vidas particularmente quando muitos se afastaram, vocês se achegaram mais perto, compartilhando sua atenção e amizade, vocês são mais que especiais.

Agradeço também ao Juan Ferreira esse discípulo incrível por suas muitas horas debruçado nos rascunhos desse livro, me ajudando a clarear em algumas ideias. Aos pastores, diáconos, obreiros, membros e seguidores do Ministério Braço Forte, o conteúdo deste livro emergiu deste solo, desta igreja linda e vibrante, que me concedeu o privilegio de desenvolver, compartilhar e provar as ideias e os princípios deste livro, por meio de nossos relacionamentos durante os últimos cinco anos. Sem vocês a minha visão teria permanecido somente em meus pensamentos e imaginações. Sou extremamente grato a todos vocês.

Sumário

Nota Introdutória

Sei que este trabalho não pode criar o que não existe. A proposta é que ele ocupe o espaço entre o que já foi aprendido e o que não foi alcançado, e o faça de forma a se tornar uma ponte entre o desejo e o sucesso.

Acredite na verdade bíblica, de que o mais importante é o conhecimento de Jesus Cristo. A importância deste fato se dá porque por meio desse conhecimento se pode considerar, avaliar e estabelecer valores internos que sejam realmente eternos

Conselhos de uma árvore sobre o tempo:

"Cresça em direção da Luz;

Quanto mais profundas forem suas raízes, mais firme será;

Aguente firme nas estações desfavoráveis;

Floresça e mostre a sua beleza;

Ofereça sombra para as visitas;

Frutifique para compartilhar dos seus frutos;

Aprecie a vista".

Introdução

Sabemos que não é possível voltar no tempo e corrigir os erros do passado, mas sim, **É POSSÍVEL CONTAR O TEMPO**, e acertar mais do que errar na vida, livrando-se da sensação de estar perdido e sem saber o que fazer com o tempo que estamos vivendo. É verdade que nunca teremos todas as respostas, mas temos um propósito em Deus, e "contando nossos dias" receberemos Dele a sabedoria para fazer o certo e no tempo certo.

A vida é marcada por processos, e muitas vezes nos perdemos neles por causa do tempo e da sequência de eventos a que estamos sujeitos. Cada um de nós passa por transições estreitas na vida, que de certa forma nos levam a prostrar por causa do medo.

No entanto, à medida que você avança na leitura desse livro, tentarei ajudá-lo a deixar de lado o medo dos dias vindouros, pois, muito embora não saibamos o que o futuro nos reserva, podemos desenvolver fé, a única ferramenta capaz de nos fazer enxergar o que de promissor nos aguarda pelo caminho.

A visão do homem é limitada em relação ao tempo, espaço e circunstâncias, por isso muitas vezes damos respostas inadequadas aos momentos que estamos passando, fruto do desconhecimento do tempo. O livro "Ouse contar o tempo" é uma leitura que traz respostas a muitas perguntas, que traz luz a muita obscuridade em relação a esse tema.

O tempo não pode ser detido ou domado, mas quando fazemos dele nosso maior aliado, nos tornamos protagonistas de nossa própria história. Esse é meu objetivo com esse livro, ser um instrumento para ajudá-lo nisso!

Que você tenha uma boa leitura

CAPÍTULO 1

ENSINA-NOS A CONTAR NOSSOS DIAS

Por causa da natureza humana, o tempo é uma força que governa a nossa mente e exerce sobre nossas vidas um controle maior do que deveria. Por isso, é essencial assumirmos nosso lugar acima da linha do tempo e começarmos a ver a partir da perspectiva de Deus.

Quando assumimos esse lugar, começamos a entender que somos cidadãos de um reino eterno visitando uma dimensão temporal. São os cuidados deste mundo que tendem a fazer com que o temporal pareça mais real do que o eterno. Explicarei esse conceito na medida em que nos aventurarmos no decorrer do livro.

A maneira de vermos o tempo, é desenvolvida pelo modo com que alinhamos e ordenamos os acontecimentos temporais, eventos e circunstâncias a nossa volta. Costumamos somar todos esses eventos, desenvolver uma percepção integral e definir o somatório como "tempo".

Na nossa forma de ver a vida isso tem alguma credibilidade, mas talvez não explique plenamente a natureza de Deus e Seu plano de plenitude para nós, pois muito acima dos acontecimentos no tempo, existe a intervenção divina, pois nada foge do seu controle. Nas diversas vezes no tempo, o que achamos que é o fim, é apenas o ponto de partida, o começo para algo extraordinário que há de vir. Pois quando aprendemos a contar o tempo, entendemos que existe um propósito em cada tempo determinado, e assim viver de forma consciente tomando as decisões corretas.

"Ensina-nos a contar os nossos dias, para que alcancemos coração sábio".

(Salmos 90:12)

O salmo acima citado, foi escrito por Moisés, assim como também o salmo 91, e se trata do mais antigo do livro dos salmos. Sabemos que salmos é um compêndio de orações, canções e testemunhos daqueles que os escreveram. E neste em especial Moisés faz a oração que será objeto da nossa reflexão.

Em outras palavras, o salmista está pedindo a Deus que lhe dê condições de perceber a passagem do tempo, a brevidade da vida e que isso o ajude a alcançar a sabedoria. No entanto, é bom lembrar que uma leitura desatenta pode nos levar a pensar que o simples fato de contarmos os dias, nos fará alcançar a sabedoria. Entretanto, isso não é verdade.

Se pensarmos na brevidade dos nossos dias, e na possibilidade de poder contá-los, certamente eles terão mais valor e iremos nos preparar melhor para o nosso futuro. Os benefícios disso são inúmeros, pois poderíamos aproveitar bem os momentos que vivemos e lidaríamos melhor com as dificuldades e situações que passamos.

Muitas vezes quando estamos encerrando um projeto, temos a tendência de contar quantos dias faltam para a conclusão. Marcamos em nossa agenda os dias e ficamos ansiosos para que tudo termine ou chegue logo para começar. No entanto, um olhar um pouco mais atento perceberá que a nossa vida é construída no dia a dia e que os grandes eventos ou projetos são apenas parte dela.

Percebemos que estamos sempre esculpindo nossa história, e as vezes, até com muitas dores e que o intervalo entre o iniciar e o finalizar precise receber a importância devida. Para que pensemos um pouco mais a respeito, gostaria de propor uma reflexão nas próximas linhas.

Os seus dias têm sido contados ou vividos?

Contar os dias fala de razão, viver os dias fala de emoção. A primeira coisa que você precisa entender antes de iniciarmos este pensamento é o autoconhecimento. Você precisa se conhecer, saber se você é mais Racional ou Emocional. E para evoluirmos nesse assunto, proponho um pequeno teste que avaliará qual parte de seu cérebro você usa mais.

Observe rapidamente a foto, e me diga o que você vê?

Qual animal você viu primeiro?

A primeira imagem que você verá, indicará o hemisfério mais solicitado.

Hemisfério esquerdo

Se você viu uma cabeça de um tigre, é sinal de que o hemisfério esquerdo do seu cérebro é mais ativo do que o direito. Por isso, você é uma pessoa analítica, muito orientada para o sucesso dos seus objetivos e organizada.

Quando você enfrenta um problema, você tende a ser lógico, calculista e objetivo. No entanto, às vezes você pensa demais nas decisões que você toma, verificando se elas estão corretas, o que faz com que você tenda a ser inflexível. Lembre-se que um pouco de humildade vai te ajudar a ir longe.

Seus traços de personalidade são os seguintes:

Organizado: você faz todas as suas coisas de uma forma planejada, como se tivesse uma lista de coisas para fazer.

Determinado: você tem metas fixas e sabe o caminho a seguir para alcançá-las.

Lúcido: emoções e sentimentos não impedem você de alcançar seus objetivos.

Realista: você tem boas habilidades para matemática, ciências e organização de ideias, seu mundo é muito real. Não há lugar para contos de fadas e ficção.

E de qualquer forma, embora seus objetivos possam parecer elevados para os outros, você sabe que eles são reais e executáveis.

Hemisfério direito

Se você viu um macaco suspenso, é sinal de que o hemisfério direito do seu cérebro está muito ativo.

Você é uma pessoa criativa com muitas ideias inovadoras. Quando enfrenta uma situação difícil, você confia mais na sua intuição (você tem quase sempre razão) em vez de descansar no pensamento crítico.

Você sabe perfeitamente que cada passo que dá em sua vida é uma lição e mesmo que perca, isso significa que você avança para o sucesso dos seus objetivos.

Para você, a viagem é mais importante do que o objetivo. Como você é um sonhador, muitas vezes se perde no seu próprio paraíso. Para você, é essencial manter os pés na Terra de vez em quando, perceber a realidade e prestar um pouco mais de atenção ao mundo que o rodeia.

Seus traços de personalidade são os seguintes:

Impulsivo: você faz as coisas de forma espontânea. Você tem a habilidade de ver tudo de uma forma diferente em comparação com outras pessoas.

Sensível: você se preocupa muito com tudo. Você passa muito tempo pensando e age com base nos seus sentimentos.

Criativo e artístico: você é especialista em música, arte e outras disciplinas criativas.

Intuitivo: você não faz a lista de tarefas a realizar e não segue as regras. Você resolve problemas de forma intuitiva.

Sonhador: você tem sonhos em vez de ter objetivos, e dá o melhor de você para alcançá-los, e geralmente é um sucesso.

Lembre-se que ambos os hemisférios cerebrais não funcionam isoladamente, trabalham juntos e se completam. Então, embora pareça que você tem mais características de um dos hemisférios, também é possível que você tenha características do outro hemisfério.

Autoconhecimento

Então, o que você viu primeiro? Cabeça do tigre ou macaco suspenso? Seus traços de personalidade coincidem com as descrições dadas? O que você achou dessa experiência?

É muito importante se conhecer, para poder aprender a contar seus dias, todos nós temos medidas de razão e emoção, e precisamos saber lidar bem com isso, pessoas extremamente emocionais ficam impacientes com a demora, por isso não conseguem contar o tempo, e pessoas extremamente racionais, ficam céticos com a demora, e por isso, não conseguem contar o tempo também.

Para contar o tempo, temos que ter equilíbrio, e o equilíbrio é a sabedoria, olhe para o texto: *"Ensina-nos a contar os nossos dias, para que alcancemos um coração sábio"*. Mas, antes de falarmos sobre a sabedoria, vamos entender sobre o tempo de Deus.

O Tempo de Deus

Quando falamos sobre o tempo de Deus, geralmente temos em mente o momento em que Deus age na história, seja em um nível geral, seja num nível pessoal. A Bíblia nos mostra muito claramente que o tempo de Deus é sempre perfeito, de modo que Ele nunca se adianta ou se atrasa, e isso é possível porque Ele é quem governa o tempo de acordo com a sua soberana vontade e estabelece cada momento em consonância com os seus propósitos divinos.

Porém, especialmente no nível pessoal, temos dificuldade em compreender e esperar o tempo de Deus em nossas vidas. Frequentemente somos imediatistas com aquilo que nos interessa, queremos viver o momento e muitas vezes somos morosos com aquilo que não temos interesse.

No fim, sempre tentamos controlar o tempo conforme nos apraz; mas a agenda de Deus jamais poderá ser submetida aos nossos caprichos. Então cabe a nós aprender a conhecer e esperar o tempo de Deus.

Tempo Kairós e Chronos

Estas duas palavras gregas, kairós e chronos, podem nos ajudar a elucidar a ideia que temos sobre tempo de Deus e qual o seu significado. Nós vivemos no chronos, e Deus age em um outro tipo de tempo, chamado kairós. No livro God's Timing for Your Life (O tempo de Deus para a sua vida), Dutch Sheets compartilha o seguinte:

"A palavra chronos refere-se ao processo geral do tempo ou tempo cronológico. A palavra kairós refere-se ao tempo certo, ao tempo oportuno e estratégico, ao tempo de Deus".

Dutch Sheets

Eu sempre havia separado esses dois conceitos: o tempo cronológico e o tempo certo, mas Deus me mostrou que isso não estava correto. O conflito que muitas vezes criamos é quando juntamos o tempo chronos com o kairós como se fossem a mesma coisa. Chronos é o que o meu relógio está marcando aqui, mas o kairós só Deus conhece.

Kairós, de muitas formas, é uma extensão ou continuação de Chronos. À medida que os processos dos planos de Deus se revelam, chronos torna-se kairós. O novo se conecta com o velho e, de fato, com frequência, é o resultado do que aconteceu no velho.

Kairós, o tempo oportuno, nasce literalmente de chronos, o tempo geral. Os seres humanos são dependentes do chronos e tudo que fazem está ligado a ele. Mas Deus não pode ser limitado ao chronos, por isso que Ele é eterno, sempre existiu e sempre existirá e é imutável.

Quando estamos em uma estação não estratégica da rotina diária da vida, labutando ao longo do tempo chronos, Deus não começa uma estação de kairos totalmente do zero. A agenda geral de Deus não muda. Ele simplesmente nos faz passar por uma fase do processo, na qual nossa perseverança e fidelidade permitem que Ele nos desloque para a próxima fase.

Deus é aquele que muda os tempos e as estações, transformando chronos em kairós. O tempo de Deus (kairós) deve ser entendido como a oportunidade em que Ele resolve agir. Portanto, o kairós é bem diferente do tempo cronológico.

O chronos tem uma conotação de intervalo, espaço de tempo, período de tempo longo ou breve. Representa, inicialmente, a designação de um espaço de tempo ou ponto de tempo e que está ligado ao tempo cronológico que pode ser medido.

No entanto, a lógica do Chronos é diferente da lógica do Kairós (tempo de Deus). Se hoje é 22 de junho de 2020, então o hoje, é uma sequência de ontem, dia 21 de junho de 2020, e assim é consecutivamente, então a afirmativa de um filósofo que diz: "Nós somos hoje o resultado de nosso passado", se torna verdadeira, não é? A resposta é não!

Nós sabemos que isso é bem pós bíblico, pois no calendário bíblico a referência é a lua, e no calendário gregoriano a referência é o sol. Mas a melhor referência de chronos é a lua. A lua determina as estações e não o sol, lua determina os movimentos das águas e não o sol, a lua determina as plantações e a colheita, não o sol, a lua determina o ciclo da mulher, a sua gravidez e até o nascimento da criança, e não o sol.

"E disse Deus: haja luminares no firmamento do céu, para fazerem separação entre o dia e a noite; sejam eles para sinais e para estações, e para dias e anos."

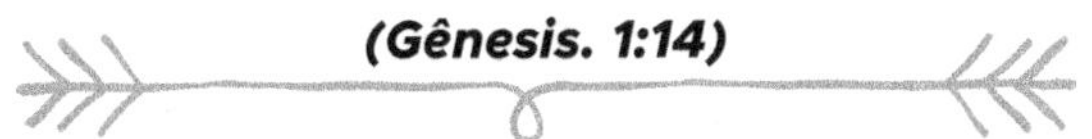

(Gênesis. 1:14)

É por isso que existe muito transtorno neste mundo, pessoas destroem suas vidas, cometem abusos em nosso tempo, elas vivem o momento, e se este momento é de muita tristeza, elas pensam que o amanhã será do mesmo jeito que foi o seu hoje, e por isso pensam que será sempre assim, tristeza atrás de tristeza, e por isso, terminam por abreviar suas vidas ou cometem loucuras.

Ensina-nos a contar

Então, vejamos como Deus quer que contemos nossos dias:

"Enquanto durar a terra, não deixará de haver sementeira e ceifa, frio e calor, verão e inverno, dia e noite."

(Gênesis 8:22)

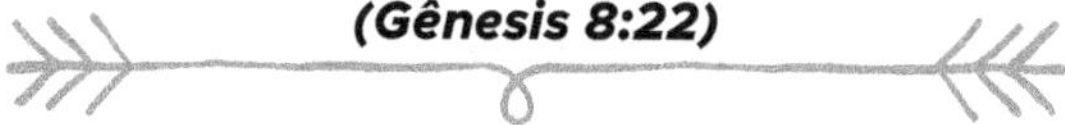

O livro de Gênesis foi escrito por Moisés, assim como o salmo 90, e este texto é bem revelador, ele conta que logo após o dilúvio, Deus ensina a Noé a como contar os dias. O texto diz: "enquanto durar a terra...", isso quer dizer: enquanto o mundo for mundo, deverá ser assim:

Dia e Noite

Na Bíblia a noite é sempre referenciada como um período ruim, sombrio, já o dia como um momento bom, de alegria e forças renovadas. Por isso, não é sábio pensar que não haverá noite na vida do cristão, pois ela é tão necessária quanto o dia.

A Bíblia é um livro magnífico, pois relata a história de grandes feitos e conquistas de homens de Deus, mas também relata suas frustações, erros e dores. Homens que souberam celebrar seus dias, no entanto também passaram pelas noites sombrias na existência e sobreviveram a eles.

Temos Davi com um grande modelo disso, passou por tantas noites e nem por isso desistiu, ele sabia como contar os dias, sabia igualmente que a noite um dia acaba e juntamente com o sol renasce a esperança. Assim, ninguém melhor que ele para nos inspirar com as seguintes palavras:

"...o choro pode durar uma noite, mas a alegria vem pela manhã!"

(Salmos 30:5)

Para Davi era o começo de um novo dia, depois de um tempo doloroso de sofrimento na escuridão. O pranto é um visitante passageiro, mas o favor de Deus permanece conosco toda vida. O mesmo bebê que causa dor a sua mãe na hora do parto, também lhe dá uma grande alegria quando nasce.

*"Em verdade, em verdade eu vos digo que chorareis
e vos lamentareis, e o mundo se alegrará; vós ficareis
tristes, mas a vossa tristeza se converterá em alegria. A
mulher, quando está para dar à luz, tem tristeza, porque
a sua hora é chegada; mas, depois de nascido o menino,
já não se lembra da aflição, pelo prazer que tem de ter
nascido ao mundo um homem. Assim também agora vós
tendes tristeza; mas outra vez vos verei; o vosso coração
se alegrará, e a vossa alegria ninguém poderá tirar."*

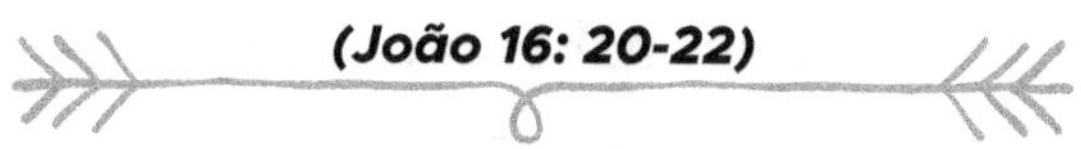

Inverno e Verão

O Senhor permite todas as "estações" em nossas vidas para que Seu caráter seja aperfeiçoado em nós! Para que a glória dEle seja vista em nós, para que as pessoas perguntem o porquê de sermos pessoas diferenciadas dos demais, já que a luz de Cristo se manifesta em nossas vidas.

Mas para isso precisamos pedir sabedoria para agir no tempo de espera. Talvez hoje, você esteja passando por momentos que diga: *"eu não aguento mais, são tantas lutas, parece que é uma atrás da outra"* mas posso garantir-lhe que o seu hoje é parte de um processo, e nesse sentido a natureza tem muito a nos ensinar.

O ano se divide em quatro diferentes estaç(es: Primavera, verão, outono e inverno. E cada uma delas, teoricamente tem suas características, tais como o frio do inverno, as flores da primavera, o calor do verão e os abundantes frutos do outono. O texto bíblico cita apenas duas estações, as quais são:

Inverno

O inverno, época mais fria do ano, quando as temperaturas são baixas e com presença de neve em algumas localidades. Ela antecede a primavera e sucede o outono. Nesse período, as noites são mais longas que os dias e os animais ficam mais ociosos, alguns chegam até a hibernar. Como a temperatura cai nessa fase, as pessoas tendem a passar mais tempo dentro de casa, principalmente debaixo das cobertas.

Para a natureza o inverno é o pior período, porque é um tempo em que as plantas e árvores hibernam, se fecham, a aparência dos galhos é feia, seca, sem vida; mas esse período é reservado para produzir substratos (seiva) fundamentais para a próxima estação, que é a primavera, estação de lindas flores e suaves aromas. Por fora a visão é feia, mas por dentro se está produzindo vida.

Isso se aplica a nós, quando olhamos para as situações do dia a dia e pensamos: *"como está difícil esse tempo, como está difícil minha relação no trabalho, meu casamento, minhas amizades, como está difícil de realizar meus sonhos, como está difícil de ver o milagre acontecer, como está difícil em minha saúde..."*.

Todas essas afirmações são reflexos do "inverno" que enfrentamos de tempos em tempos, e nada mais são do que o Senhor nos preparando para a primavera e o verão que estão por vir. No entanto, não podemos esquecer que as bênçãos que Ele tem preparado são para àqueles que O buscam insistentemente e não aos que lamentam sua condição.

Verão

O verão sucede a primavera e antecede o outono, é um período marcado pelas altas temperaturas e dias mais longos. O calor resulta em uma evaporação mais rápida da água acumulada nos solos, resultando em chuvas constantes. O verão é uma estação muito gostosa, com a chegada das férias e um clima de alegria no ar. O verão na Bíblia representa a alegria e abundância. Ao contrário do inverno que representa tristeza e escassez.

Todos nós passaremos por ambas as estações e precisamos nos preparar para extrair de cada uma o seu melhor, inclusive nos permitir ser ensinados por elas. Aprofundaremos mais sobre esse assunto no capítulo *"Decodificando os tempos e as estações"*.

*"**Ele muda os tempos e as estações**; ele remove os reis e estabelece os reis; é ele quem dá a sabedoria aos sábios e o entendimento aos entendidos."*

(Daniel 2:21)

Mas existe uma verdade absoluta, só Deus pode mudar a estação de sua vida tirando-o de qualquer situação, por isso não se preocupe! O Inverno sempre passa!

Frio e calor

Já reparou que quando está muito quente a gente começa a suar e quando está muito frio a gente começa a tremer? Isso tem a ver com o frio e o calor que nosso corpo sente. Quando falamos do clima, falamos de algo que não conseguimos mudar e precisamos nos adequar.

Não podemos sair de casaco num dia de verão intenso, nem tampouco sair de camiseta num inverno congelante, pois com certeza iremos adoecer. É assim também em nossa vida, para cada clima existe a vestimenta correta e uma postura adequada:

"Há tempo para tudo debaixo do céu!"

(Eclesiastes 3:1)

Temperatura Espiritual

Neste texto, Salomão vê algo acima do ser humano, um Deus que está no controle do tempo e que equilibra as experiências da vida. São as experiências que determinam o nosso estado espiritual, por isso precisamos ficar bem atentos para que nossa condição espiritual não esteja sendo afetada pelo clima circunstancial.

"Conheço as suas obras, sei que você não é frio nem quente. Melhor seria que você fosse frio ou quente! Assim, porque você é morno, nem frio nem quente, estou a ponto de vomitá-lo da minha boca."

(Apocalipse 3:15-16)

É preciso sensibilidade para saber se está quente, frio ou morno. E quando falamos do lado espiritual, o pecado tem a capacidade de congelar a sensibilidade, causando uma hipotermia espiritual e impedindo que percebamos como estamos frios.

Já o cristão aquecido necessita dessa mesma sensibilidade para cuidar de manter-se aquecido sempre. Nesse caso, o frio representa o lado negativo, e o quente, o lado positivo. E o morno? O morno é o indeciso. E o texto diz que Deus despreza tanto esse tipo de pessoa que diz que está prestes a vomitá-la.

O termômetro

A temperatura do corpo pode ser medida com um termômetro, mas a temperatura espiritual é medida pelas nossas atitudes em relação a Deus e ao nosso testemunho neste mundo. Por isso, nunca haverá um mal que permaneça pra sempre, nunca haverá um sofrimento que perdure por muito tempo! Não desista! Uma hora, a noite, o inverno e o frio vão acabar!

Compreendemos então que não podemos mudar isso, não podemos mudar os tempos, nem as estações, nem o clima, mas podemos mudar o que colheremos quando estivermos vivendo nestes tempos. Voltemos ao texto:

"Enquanto durar a terra, não deixará de haver sementeira e ceifa, frio e calor, verão e inverno, dia e noite."

(Gênesis 8:22)

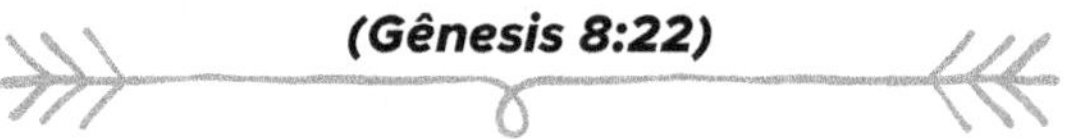

Sementeira e Ceifa

A primeira coisa que o texto em Gênesis cita é: "sementeira e ceifa", mas por quê? Porque essa é a única coisa que você pode mudar na sua vida! Não podemos mudar os tempos, as estações e o clima, mas podemos mudar o que colheremos nestes tempos. A sementeira diz respeito ao que semeamos e a ceifa ao que colheremos.

No salmo 90, vemos Moisés pedindo para Deus ensiná-lo a contar o tempo, para que ele alcance um coração sábio. Aprenderemos que a sabedoria está em semear em todo tempo, quem semeia em todo tempo, colhe em todo tempo. Não é por acaso que o texto começa com semeadura e ceifa, isso quer dizer que por mais que eu esteja vivendo uma noite, um inverno, um frio, eu vou colher as bênçãos de Deus.

É por isso que o seu passado nunca vai determinar o seu futuro! Isso só acontece se você nunca semear nada no presente, assim você não colherá nada no futuro, e desse jeito, o seu futuro vai ser igual o seu passado. No entanto, você pode me perguntar: "Eu só faço o bem, por que estou colhendo coisas ruins? Eu vou mostrar-lhe na Bíblia o que Jesus nos ensinou sobre isso:

*"Outra parábola lhes propôs, dizendo: O reino dos céus é semelhante a um homem que semeou boa semente no seu campo; mas, enquanto os homens dormiam, **veio o inimigo dele, semeou o joio no meio do trigo e retirou-se.** E, quando a erva cresceu e produziu fruto, apareceu também o joio. Então, vindo os servos do dono da casa, lhe disseram: Senhor, não semeaste boa semente no teu campo? Donde vem, pois, o joio? **Ele, porém,***

*Ihes respondeu: **Um inimigo fez isso.** Mas os servos lhe perguntaram: Queres que vamos e arranquemos o joio? Não! Replicou ele, para que, ao separar o joio, não arranqueis também com ele o trigo. **Deixai-os crescer juntos até à colheita, e, no tempo da colheita, direi aos ceifeiros: ajuntai primeiro o joio, atai-o em feixes para ser queimado; mas o trigo, recolhei-o no meu celeiro".***

(Mateus 13:24)

Preste bem atenção aos detalhes do texto bíblico. O homem semeou a boa semente, mas o inimigo joio, mas ao final da colheita o bom que havia sido semeado recebeu sua recompensa. Não é sobre o tempo e sim sobre semear sempre.

Aquele que sempre semeia nunca deixa de colher, pode ter joio, mas que cedo ou tarde será queimado e aniquilado da sua vida, mas o trigo vai trazer-lhe alegria e ganhos, ainda que por breve tempo tenha que crescer em companhia do joio (aflições).

Vida abundante

"O ladrão vem somente para roubar, matar e destruir; eu vim para que tenham vida e a tenham em abundância."

(João 10:10)

Jesus vem nos trazer vida e vida com abundância. Você pode estar vivendo um tempo difícil, mas nunca sem este benefício (abundância), entenda que é preciso estar sempre semeando, para estar sempre colhendo. Não é só sobre recursos, ele é uma das dentre tantas sementes que devemos semear, e muitas destas sementes são princípios e valores que precisamos viver para manter Deus sempre conosco. Vemos isso em Filipenses:

"Finalmente, irmãos, tudo o que é verdadeiro, tudo o que é respeitável, tudo o que é justo, tudo o que é puro, tudo o que é amável, tudo o que é de boa fama, se alguma virtude há e se algum louvor existe, seja isso o que ocupe o vosso pensamento. O que também aprendestes, e recebestes, e ouvistes, e vistes em mim, isso praticai; e o Deus da paz será convosco."

(Filipenses 4: 8 ,9)

Mas aquele que nunca semeia no campo da vida, receberá a visita do inimigo que semeará joio em seu campo, e este será obrigado a colher o joio mesmo não tendo plantado. Assim é o viver daqueles que acham que sua vida nunca muda, que é sempre a mesma coisa: dor, tristeza, escassez, roubo, morte. E não fazem nada pra mudar, não mudam as suas semeaduras e tudo isso porque não sabem contar o tempo.

Sabedoria humana e celestial

Sabemos que o verdadeiro caminho para a sabedoria é o temor do Senhor. O temor do Senhor nos dará o equilíbrio necessário para aprendermos a contar nossos dias, nem tanto razão, nem tanto emoção. Por isso, sem o temor do Senhor você poderá até se tornar uma pessoa experiente, mas não uma pessoa sábia.

Precisamos lembrar que existe a sabedoria humana e a sabedoria dos céus, e é dessa que estamos em busca. À luz das Escrituras, vemos que o passar do tempo não dá sabedoria automática ao homem. O que pode dar sabedoria é o que fazemos em todo tempo, é sobre a sementeira e ceifa e o que fazemos com a nossa experiência de vida.

Enquanto durar a terra, Deus sempre nos visitará no tempo. Tenha expectativas quanto a Sua visitação em sua vida. Que você decrete uma coisa nova e aguarde acontecer. Que você entenda os tempos e as estações e saiba que as suas sementes produzirão êxito em todo tempo.

Que você veja todas as bênçãos que estão lá nos lugares celestiais para você e vença todas as estratégias de seu inimigo (satanás) que muda e manipula os tempos e as leis. Que você deixe para trás os eventos de trauma, desânimo e descontentamento, situações de esperança adiada que fizeram adoecer o seu coração.

Que você veja a sua linha do horizonte estendida, que tenha uma visão de futuro e receba uma unção para estar firme, a fim de concluir todas as tarefas. Que você sinta a alegria e o prazer de Deus em sua vida!

Mas, para que tudo isso seja uma verdade, você precisa entender que as suas atitudes são sementes que darão a você os frutos de algo, isso em todo tempo e estação. A única coisa que podemos mudar no tempo, é sobre o que semeamos e o que colhemos.

CAPÍTULO 2

ALCANÇANDO UM CORAÇÃO SÁBIO

"Ensina-nos a contar os nossos dias, para que alcancemos coração sábio."
(Salmos 90:12)

Para alcançar um coração sábio é preciso aprender a contar os dias. Mas devemos contá-los não como o mundo ensina, e sim como Deus nos mostra à luz das Escrituras. Sabemos que enquanto durar a terra sempre haverá sementeira e ceifa, dia e noite, verão e inverno, frio e calor. Sabemos também que a única coisa que conseguimos mudar no tempo é a sementeira e a ceifa.

O tempo de Deus não é o nosso tempo, ele é perfeito e por isso não há atrasos. O tempo de Deus está relacionado ao tempo oportuno para cumprimento do seu propósito ou vontade. Não pode ser medido ou cronometrado, mas atua na nossa história consoante à sua vontade.

Por vezes, algumas pessoas consideram que Deus está demorando para cumprir determinadas coisas, porque não sabem contar o tempo, acham que podem mudar aquilo que Deus já determinou (Gênesis 8:22), e ignoram o que podem fazer para ter uma vida abençoada apesar das adversidades. Não tem como falar de sabedoria e não citar o homem mais sábio que a terra já conheceu, Salomão.

Salomão e a Sabedoria

Salomão foi o rei mais sábio de Israel. Ele era filho do rei Davi com Bate Seba e nasceu por volta de 974 a.C. Tornou-se o terceiro rei sobre Israel, começando a reinar com aproximadamente 20 anos e governou cerca de quarenta anos (conforme cronologia bíblica, de 971 a 931 a.C).

O nome Salomão, deriva da palavra Shalom, que significa "paz" e significa também "pacífico". Também foi chamado de Jedidias pelo profeta Natã, que significa "amável do Senhor". (2 Samuel 12:24-25).

Salomão é tido como o autor de três livros do Antigo Testamento, são eles: Provérbios, Eclesiastes e Cantares, sendo um a mais na Bíblia católica, o livro de Sabedoria. Também são atribuídos a Salomão dois salmos, o 72 e 127.

Quando olhamos para a biografia de Salomão, ficamos impressionados. Mas como ele conseguiu chegar neste ápice do sucesso? Será que Salomão sabia contar o tempo?

Logo quando assumiu o trono, Salomão se viu diante de um grande desafio, dar continuidade ao reinado de seu pai Rei Davi, conduzir o reino unificado a prosperar e crescer, além de construir um templo ao Senhor. Salomão sabia que viriam muitas noites escuras, e invernos de frio causticante e que ele não conseguiria mudar isso, mas seu pai o rei Davi o ensinou a lei da sementeira e ceifa (1 crônicas 29), e ele como um bom aluno aprendeu e praticou.

"Salomão ofereceu ali sacrifícios perante o SENHOR, sobre o altar de bronze que estava na tenda da congregação; e ofereceu sobre ele mil holocaustos."

(2 Crônicas 1:6)

Salomão e todo o seu povo, toda a congregação dos filhos de Israel, subiram ao alto que estava em Gibeom, porque neste lugar estava a tenda da congregação que Moisés tinha feito durante a peregrinação no deserto. A Arca do Senhor não estava mais em Gibeom, porque Davi já a havia feito subir para Quiriate-Jearim, já que tinha armado uma tenda em Jerusalém. Salomão procurou o sacerdote Uri, filho de Hur, porque ele servia diante do tabernáculo. Ali Salomão ofereceu sacrifícios ao Senhor, mil holocaustos, conforme o texto.

Aqueles holocaustos chamaram a atenção de Deus. Ao invés de fazer um grande banquete para os nobres do reino, Salomão ofereceu mil sacrifícios ao Senhor, ele escolheu adorar a Deus. E Deus se apressou a responder a Salomão.

"Naquela mesma noite, apareceu Deus a Salomão e lhe disse: Pede-me o que queres que eu te dê. Respondeu-lhe Salomão: De grande benevolência usaste para com Davi, meu pai, e a mim me fizeste reinar em seu lugar. Agora, pois, ó SENHOR Deus, cumpra-se a tua promessa feita a Davi, meu pai; porque tu me constituíste rei sobre um povo numeroso como o pó da terra. Dá-me, pois, agora, sabedoria e conhecimento, para que eu saiba conduzir-me à testa deste povo; pois quem poderia julgar a este grande povo? Disse Deus a Salomão: Porquanto foi este o desejo do teu coração, e não pediste riquezas, bens ou honras, nem a morte dos que te aborrecem, nem tampouco pediste longevidade, mas sabedoria e conhecimento, para poderes julgar a meu povo, sobre o qual te constituí rei, sabedoria e conhecimento são dados a ti, e te darei riquezas, bens e honras, quais não

teve nenhum rei antes de ti, e depois de ti não haverá teu igual. Voltou Salomão para Jerusalém, da sua ida ao alto que está em Gibeão, de diante da tenda da congregação; e reinou sobre Israel."

(2 Crônicas 1:7-13)

Assim, Salomão começou seu reinado com sabedoria e justiça. Também construiu um império econômico invejável. Sua sabedoria foi provada quando resolveu uma disputa entre duas prostitutas. Cada uma tinha um bebê, mas um tinha morrido. As duas diziam ser a mãe do filho vivo e não havia forma de saber quem dizia a verdade. Então Salomão mandou cortar o menino vivo ao meio e dar metade a cada uma. A mulher que não era a mãe concordou, mas a verdadeira mãe implorou pela vida do filho (1 Reis 3:24-26). Assim, Salomão entregou o filho à mãe verdadeira.

Busque a Sabedoria

"Feliz o homem que acha sabedoria, e o homem que adquire conhecimento; porque melhor é o lucro que ela dá do que o da prata, e melhor a sua renda do que o ouro mais fino.

(Provérbios 3:13 e 14)

Quando falamos de Sabedoria, estamos falando de conhecimento, estamos falando de saber escolher o certo. O ser humano tem de 800 a 1200 escolhas todo dia, tais como: Acordo agora ou durmo mais um pouco? Escovo ou não os dentes? Lavo minhas mãos ou penteio o cabelo?

Uso essa ou outra camisa? Ligo agora ou mais tarde para essa pessoa? E assim por diante...

Salomão soube escolher o certo, e teve sucesso em tudo que empreendeu. Sucesso é ter mais escolhas certas do que escolhas erradas, sucesso e ter sabedoria pra decidir, discernir e agir na direção certa.

Você é do tipo de pessoa que busca entender o que está acontecendo na sua vida? Você busca discernir o porquê está vivendo isso na sua vida? Você busca sabedoria para entender o seu passado, e saber agir para construir um futuro diferente?

"Com a sabedoria edifica-se a casa, e com a inteligência ela se firma; pelo conhecimento se encherão as câmaras de toda sorte de bens, preciosos e deleitáveis. Mais poder tem o sábio do que o forte, e o homem de conhecimento, mais do que o robusto".

(Provérbios 24:3, 5)

Você já parou para pensar sobre o porquê você ainda não tem o carro dos seus sonhos? Ou sua casa própria? Ou um casamento abençoado? O segredo já foi revelado, aprenda a contar o tempo usando a Lei da Sementeira e Ceifa.

"De que serviria o dinheiro na mão do insensato para comprar a sabedoria, visto que não tem entendimento?"

(Provérbios 17:16)

Como sei que estou buscando a sabedoria?

Sabedoria não tem nada a ver com o como ou quanto você gasta, e sim, o quanto e o como você muda em relação ao que você aprende. A Sabedoria não se limita apenas em gerenciar coisas e sim em conduzir suas escolhas para um futuro melhor. Os sinais de uma pessoa que está adquirindo sabedoria são:

a) Mudança

Qualquer mudança significativa se faz com sabedoria, se faz com conhecimento. Buscar a sabedoria, gera aprendizado, e sempre que aprendo algo, eu preciso mudar. Se você quer saber se alguém aprendeu, veja se ele mudou, sempre que alguém aprende, ele muda, se ele aprende algo no trabalho, ele muda a forma de trabalhar. Quando uma pessoa aprende a ser um pai ou uma mãe melhor, essa pessoa muda a forma de ser pai e mãe.

Mudanças não tem nada a ver com a experiência. A experiência não vale de nada, se ela não for acrescida sistematicamente de novos conhecimentos para o presente. A experiência só serve para o passado e talvez um pouquinho para o presente, não valida o futuro a não ser que você agregue algo novo a sua experiência, aí sim você vai poder avançar para um futuro promissor.

O passado não serve para repetir, e sim para refletir. Reflita sobre o que passou e acrescente novos conhecimentos e experiências, assim sua vida será acrescida de novos resultados.

b) Resultado

Sempre primeiro vem a sabedoria e depois vem o resultado. Se você quer coisas novas, busque novos saberes, mas busque com todo seu empenho, com toda sua força, com toda sua vontade!

O resultado na vida de uma pessoa, é fruto de conhecimento, adicionado com a experiência de vida. Eu sou a soma do que eu conheço e pratico. Se você sabe que não consegue mudar os tempos, as estações e o clima, mas sabe, que pode mudar a sua colheita, então porque não semeia?

Queremos resultados fáceis, que não nos custem nada, e isso tem sido fruto de uma sociedade fútil e preguiçosa, onde não damos valor a aquilo que deve ser valorizado, achamos que podemos ter resultado sem sacrifício e esforço.

Sabedoria e Temor do Senhor

"O temor do SENHOR é o princípio da sabedoria; revelam prudência todos os que o praticam. O seu louvor permanece para sempre."

(Salmos 111:10)

Salomão teve um coração inclinado a sabedoria, porque ele tinha temor do Senhor. Um povo que têm temor de Deus, adquire sucesso e prosperidade. Aquele que não tem o temor de Deus, jamais será agraciado pela sabedoria. Veja então, quais as características das pessoas sem temor de Deus:

a) Querem grandes resultados, mas oferecem apenas as sobras

Quando observamos a história de Caim e Abel, nós encontramos algumas verdades sobre dar o melhor pelo melhor resultado. Abel foi a segunda criança trazida ao mundo, mas a primeira a obedecer a Deus. Por toda história Abel é lembrado por sua generosidade e fé.

"Aconteceu que no fim de uns tempos trouxe Caim do fruto da terra uma oferta ao SENHOR. Abel, por sua vez, trouxe das primícias do seu rebanho e da gordura deste.
Agradou-se o SENHOR de Abel e de sua oferta; ao passo que de Caim e de sua oferta não se agradou. Irou-se, pois, sobremaneira, Caim, e descaiu-lhe o semblante."

(Gênesis 4:3- 5)

Já Caim era movido pelo momento e, na hora de trazer as ofertas a Deus, as entregava por obrigação, assim oferecendo o que não lhe interessava, ao ponto de Deus não se agradar.

"Então, lhe disse o SENHOR: Por que andas irado, e por que descaiu o teu semblante? Se procederes bem, não é certo que serás aceito? Se, todavia, procederes mal, eis que o pecado jaz à porta; o seu desejo será contra ti, mas a ti cumpre dominá-lo."

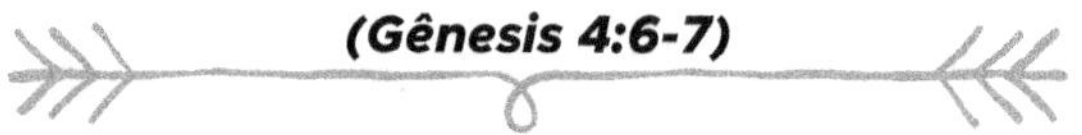
(Gênesis 4:6-7)

A reação de Caim nos dá pistas de que sua atitude estava provavelmente errada desde o início. A pessoa que vive de momento, não consegue se firmar em nada ou ninguém; é semelhante às ondas do mar, que vai sendo impelida pelo vento.

Caim dava as sobras e queria o melhor resultado, só que ele descobriu que resultados significativos geram sementes sacrificiais, e ele não estava disposto a mudança.

Muitos se enganam com este mesmo pensamento de Caim, estão sempre dando as sobras no trabalho, na família, na igreja e para Deus, mas querem o melhor salário, querem ser respeitados, querem os púlpitos sem o temor de Deus. Agir pelo momento sem nos preocupar com o tipo de semente, pode nos trazer consequências drásticas por toda a vida.

b) Querem ser abençoados, mas desprezam o preço a ser pago

Esaú era o filho mais velho e futuro líder da sua família, e por ser o primogênito, ele também recebia uma porção dupla da herança, esse direito lhe pertencia. Um dia, Esaú voltou do campo cheio de fome e encontrou Jacó fazendo um ensopado vermelho. Ele pediu um pouco da comida ao seu irmão, mas Jacó exigiu um pagamento: o direito da primogenitura. Esaú, pensando só no momento de sua fome, aceitou e fez um juramento, transferindo seu direito de filho mais velho para Jacó.

"Disse Jacó: Vende-me primeiro o teu direito de primogenitura. Ele respondeu: Estou a ponto de morrer; de que me aproveitará o direito de primogenitura?

Então, disse Jacó: Jura-me primeiro. Ele jurou e vendeu o seu direito de primogenitura a Jacó."

(Gênesis 25:31-33)

Para Jacó a promessa valia mais que seu prazer saciado, isso demonstrava o desejo próprio de uma pessoa que serve a Deus sem reservas. O profano Esaú vendeu, se desfez da promessa de Deus, para saciar sua vontade.

Isaque já idoso, decidiu abençoar Esaú, estabelecendo-o como o líder da família. Ele enviou Esaú para caçar e lhe fazer um prato de comida como ele gostava, depois iria receber a bênção. Esaú saiu e cumpriu o que o pai pediu, mas, quando voltou, Isaque já tinha dado a bênção a outra pessoa: Jacó!

Jacó queria por tudo a benção da primogenitura, ele nasceu pra isso, tanto é que fez de tudo para recebê-la, pagou um alto preço. Tudo que tem valor, possuiu uma etiqueta de preço. Quer ser abençoado, então pague o preço ou então chore pela perda. Qual o preço você está disposto a pagar?

"Nem haja algum impuro ou profano, como foi Esaú, o qual, por um repasto, vendeu o seu direito de primogenitura. Pois sabeis também que, posteriormente, querendo herdar a bênção, foi rejeitado, pois não achou lugar de arrependimento, embora, com lágrimas, o tivesse buscado.

(Hebreus 12:16, 17)

A sabedoria é para aqueles que a desejam e a buscam, pessoas interessadas neste dom terão que aprender a contar seus dias, a mudar o tipo de semeadura que tem feito neste mundo. Sem mudança e sem resultados significativos, você nunca terá o conhecimento e a experiência necessária para a aplicação desta benção que muitos desejam, mas desanimam quando descobrem o preço. Nunca é sobre o valor, mas sobre a importância que você dá, e o desejo que você tem de acertar e vencer.

CAPÍTULO 3

DISCERNINDO OS TEMPOS

Segundo alguns cientistas, existem duas visões sobre o significado do tempo. A visão realista, que foi esposada por Isaac Newton, sustenta que o tempo é linear e faz parte da estrutura fundamental do universo. De acordo com essa visão, o tempo é uma dimensão que pode ser medida e contém uma sequência de eventos.

Já Gottfried Leibniz e Immanuel Kant, tem uma visão contrastante do tempo, argumentam que o tempo é parte de um sistema de medida mental e não pode ser medido objetivamente. De acordo com esse conceito, o tempo não é uma linha percorrida sequencialmente por objetos e eventos, mas sim uma maneira intelectual de medir eventos. Em outras palavras, coisa "real", mensurável.

Além dessas duas visões do tempo e de sua medida, há outros aspectos do tempo que intrigaram o homem desde o Jardim do Éden. Quando observamos os primeiros quatro capítulos de Gênesis, os achamos misteriosos, mas concretos. Desenvolvem um conceito de família no espaço e no tempo. O conceito de tempo no jardim é a natureza cíclica do tempo: a repetição de estações na natureza e, consequentemente, na vida do homem.

Certamente uma das coisas mais difíceis para nós seres humanos é saber esperar e entender qual tempo estamos vivendo. É muito importante discernirmos o tempo em que vivemos. Não podemos esquecer nosso passado, pois ele serve para refletirmos hoje, ele é a base do nosso presente. Não podemos negligenciar o amanhã, pois o nosso futuro precisa ser regado com a nossa esperança, e também não devemos esquecer o hoje, pois, o hoje é nossa realidade, é a boa terra para semearmos para o nosso futuro.

Queremos sempre aquilo que desejamos de forma imediata, o tal do "aqui e agora", ou melhor, queremos tudo para ontem. A loucura de nossa impaciência atinge seu ápice quando queremos fazer com que Deus trabalhe em nosso tempo.

Estabelecemos prazos, fazemos votos, jejuns, isso na verdade não é errado, mas se torna um peso quando coloco expectativa no prazo e não em Deus. Precisamos aprender a contar o tempo e saber que nem sempre as coisas serão como esperamos, ignorando assim a realidade de que não podemos mudar aquilo que Deus já determinou. Há tempo para tudo debaixo do sol.

"Tudo tem o seu tempo determinado, e há tempo para todo propósito debaixo do céu: há tempo de nascer e tempo de morrer; tempo de plantar e tempo de arrancar o que se plantou; tempo de matar e tempo de curar; tempo de derribar e tempo de edificar; tempo de chorar e tempo de rir; tempo de prantear e tempo de saltar de alegria; tempo de espalhar pedras e tempo de ajuntar pedras; tempo de abraçar e tempo de afastar-se de abraçar; tempo de buscar e tempo de perder; tempo de guardar e tempo de deitar fora; tempo de rasgar e tempo de coser; tempo de estar calado e tempo de falar; tempo de amar e tempo de aborrecer; tempo de guerra e tempo de paz.

Eclesiastes 3:1-8

Os Vinte e Oito Tempos

Na verdade, esse é um exercício que aperfeiçoa a nossa fé. Devemos saber que tudo está debaixo do controle de Deus. Temos dificuldade de esperar pelo amanhã quando estamos vivendo o hoje, ainda mais se o que estamos vivendo hoje não nos agrada, mas precisamos entender que tudo coopera para o nosso bem, seja para nos aperfeiçoar, melhorar ou nos modelar como pessoas experimentadas e maduras.

No texto em Eclesiastes podemos ver os vinte e oito tempos na vida do homem, no texto aparece uma série de quatorze verbos com seus respectivos antônimos. Quatorze é o dobro de sete, indicando assim dois ciclos completos. E estes verbos podem ser classificados em duas categorias: tempos bons e tempos ruins, seriam quatorze tempos bons e quatorze tempos ruins.

As pessoas vivem entre estes dois. Elas agem e sentem, vivem e reagem sobre estes tempos, está tudo entrelaçado. Entre as fases do nascimento e a morte está a vida, a qual é preenchida pela sucessão de tempos, que como disse oscilam entre o positivo e o negativo, entre o bom e o ruim, entre o que se gosta e o que não se gosta. Tudo tem o seu tempo e há tempo para tudo. Mas para quê? Para que possamos entender que tudo passa!

Não é a pessoa que estabelece os diferentes tempos. Eles simplesmente acontecem e a pessoa não pode interferir. Por isso mudam seus sentimentos conforme a mudança do tempo. Deus é quem fez os tempos e deu às pessoas a consciência da mudança dos tempos, e elas nada podem interferir, a não ser na sementeira e ceifa. Deus fez tudo de maneira correta. E Deus deu às pessoas a consciência de suas ações.

"Ainda antes que houvesse dia, eu era; e nenhum há que possa livrar alguém das minhas mãos; agindo eu, quem o impedirá?"

Isaias 43:13

Mudanças Necessárias

Constantemente, Deus nos levará as mudanças necessárias para o nosso crescimento, precisamos entender o tempo que estamos vivendo. Quando você não entende o tempo que está vivendo, sofre as consequências disso, pois ao invés de acertar, você erra, ao invés de melhorar, você piora. A dinâmica do tempo muda de acordo com a colocação das pessoas:

A atitude errada, no tempo errado = regressão

A atitude errada no tempo certo = frustação

A atitude certa no tempo errado = confusão

A atitude certa no tempo certo = progressão

A parábola dos Gatos

Havia um grupo de três gatos que há dois dias estavam sem comer. Quando sentiram um cheiro de uma carne sendo assada, e eles foram atraídos, pois estavam cheios de fome. Seguiram seu faro, mas havia algo entres eles e a carne assada, havia um muro muito alto que os separava do banquete que esperavam comer.

Então os três gatinhos começaram sua escalada no muro, tentaram por diversas vezes vencer o muro, mas não conseguiram. Até que um dos gatos falou: "Será impossível conseguir pular este muro", já o outro dizia: "Porque as coisas sempre são difíceis pra nós?" E o último gato completou: "Vamos morrer de fome". Eles começaram a lamentar, desistiram de vencer o muro que os separava do objetivo: saciar a fome.

Assim, resolveram ficar ali mesmo, sentindo o cheiro daquele churrasco e imaginando como seria se alimentar de algo tão agradável ao olfato. Até que surgiu um outro gatinho, também faminto movido pelo mesmo desejo dos outros, foi atraído pelo cheiro tão agradável da carne que estava sendo assada.

O gatinho solitário começou a tentar pular o muro, o que quando os outros viram começaram a falar: "Desista, nós que somos três não conseguimos, imagine você sozinho, uma coisa é certa, você vai se cansar se continuar a tentar, vamos, junte-se a nós para morrer de fome!".

No entanto, o outro gatinho não se deu por vencido e continuou tentando por mais um tempo até que ele conseguiu vencer o muro. Os outros três gatinhos ficaram impressionados e perplexos com o feito. Moral da história, o gatinho solitário era surdo.

Atitude certa no tempo certo

Aquele gatinho teve a atitude certa: não deu ouvido aos pessimistas. Se ele tivesse ouvido os outros três gatinhos, será que teria conseguido pular o muro e alcançado o que queria? Com certeza não!

Além da atitude certa, ele a teve no tempo certo: não desistiu em meio ao desafio, estava movido pela recompensa, perseverou, não olhou as circunstâncias.

O gatinho solitário teve a atitude certa no tempo certo, e isso é sinal de sucesso. Saber o tempo que estamos vivendo e ter a atitude correta neste tempo é a certeza do progresso. Sempre viveremos de forma cíclica esses 14 tempos bons e os 14 tempos ruins, mas a forma como passaremos por isso tudo, determinará o que iremos colher, lembre-se que é sempre sobre como semeamos nos tempos bons e ruins, e não ao contrário.

"Quem somente observa o vento nunca semeará, e o que olha para as nuvens nunca segará. Assim como tu não sabes qual o caminho do vento, nem como se formam os ossos no ventre da mulher grávida, assim também não sabes as obras de Deus, que faz todas as coisas. Semeia pela manhã a tua semente e à tarde não repouses a mão, porque não sabes qual prosperará; se esta, se aquela ou se ambas igualmente serão boas."

Eclesiastes 11:4-6

Um investimento a longo prazo

Quem não se prepara para semear, nunca estará preparado para receber.

Existem duas maneiras de se fazer uma fogueira: uma com lenha e a outra com sementes. A lenha te dará fogo uma vez, talvez duas. As sementes te darão fogo durante muito tempo. A lógica é simples: sementes viram árvores, que fornecem mais sementes além de lenha. Mas para se ter fogo por muito tempo, você não pode ser imediatista, é preciso entender que um semeador nunca é imediatista.

O imediatista observa o vento, olha para as nuvens, por isso nunca lança sementes. Eles procuram facilidades, preferem as labaredas dos aplausos, gostam do resultado instantâneo, o resumo disso são pessoas egocêntricas e orgulhosas, pessoas que não constroem histórias, gostam do resultado que uma foto produz, mas não da história que está por detrás dela.

O semeador nunca para de semear, pois ele entende que se uma semente falhar ele terá outra para vingar. A sua confiança em Deus nunca o desaponta mesmo em meio a noite escura, ao frio intenso, o nome semeador já diz tudo, ele semeia em meio a dor.

"Espera pelo SENHOR, tem bom ânimo, e fortifique-se o teu coração; espera, pois, pelo SENHOR."

Salmos 27:14

Quantos momentos nos perguntamos onde está o Senhor que parece não se compadecer da nossa dor, questionamos situações de aflição e tristeza, mas esta não é a atitude correta diante de um tempo ruim. Precisamos ter coragem e reagir. É preciso semear, enfrentando as dificuldades enquanto esperamos o tempo favorável de Deus

para uma grande colheita, a perseverança é uma qualidade indispensável para aqueles que vão alcançar sempre a vitória independente das circunstancias.

Entendendo o tempo

Você consegue enxergar qual o tempo você está vivendo agora?

O tempo de Deus nunca chega cedo, e também nunca se atrasa. Ele está no controle total de tudo e todos, de eternidade a eternidade, e por causa disso, o desejo Dele é nos aperfeiçoar, nos levar sempre a um caminho que nos conduzirá a uma vida abundante. Para isso passaremos por três tempos distintos: tempo do Deserto, tempo do Vale e tempo do Monte, e sobre eles falaremos adiante.

CAPÍTULO 4

TEMPO DE DESERTO

Quando pensamos nesta palavra, logo vem em nossa mente muita areia, sol escaldante, e nenhuma vida, imaginamos a aridez do ambiente: no excesso de calor e sol, falta de água, de vida; ou na insegurança e fragilidade que o ser humano sente num território como este.

Porém, tem outro sentido mais espiritual que toca a vida do homem, ao qual Deus está sempre nos atraindo, e é sobre este sentido que vamos falar: deserto é um lugar de transformação.

É costume, entre os cristãos ouvirmos este tipo de comentário: "Eu estou passando por um grande deserto na minha vida". O que seria este deserto na vida cristã? São momentos difíceis, mas necessários, quando entendemos o propósito dele. Deserto nunca foi e nunca será lugar de morte, mas sim de transformação.

Toda vez que Deus quer levar você a um novo nível, ele vai levá-lo ao deserto, pois o desejo de Deus neste tempo de deserto é transformar você em uma pessoa melhor e maior.

Aperfeiçoamento do Caráter

O caráter de uma pessoa é construído nos desertos da vida, quando entendemos como Deus usa os desertos para desenvolver o caráter, somos capazes de responder corretamente. Deus está muito mais interessado em nosso caráter que em o nosso conforto. Seu plano é para nos aperfeiçoar, e não para nos agradar.

Por essa razão, Ele permite todo o tipo de circunstância que contribua para o desenvolvimento de nosso caráter: conflitos, desapontamentos, dificuldades, tentações, tribulações, lutas, tempos de esterilidade e atrasos.

O desejo de Deus sempre será nos transformar, pois quanto mais perto estou de Deus, mais transformado preciso ser, Deus vai lapidar sua vida para que a luz Dele brilhe mais e mais.

Processo de Transformação

Jesus o carpinteiro, o filho de José e Maria precisou passar pelo deserto para se transformar em Jesus o Cristo, o filho de Deus, o deserto foi e é a ferramenta de transformação que Deus usa para todo homem. O deserto não forma o caráter, mas certamente o revela, o que semeamos no deserto colheremos em nossa vida. Vamos entender este processo:

"A seguir, foi Jesus levado pelo Espírito ao deserto, para ser tentado pelo diabo. E, depois de jejuar quarenta dias e quarenta noites, teve fome."

Mateus 4:1, 2

1- Mudança de Pensamentos

No Deserto os pensamentos são modificados. O Espirito Santo conduziu Jesus ao deserto logo após o seu batismo na águas, o processo de transformação de Jesus começou: nas águas ficaram o velho Jesus para que o novo, o filho de Deus, começasse seu processo de salvador e libertador neste mundo, e para isso ele deveria passar um tempo no deserto, para que não mais pensasse como um homem comum, mas viesse a pensar como Filho de Deus, seus pensamentos deveriam ser transformados.

"Não vivam como vivem as pessoas deste mundo, mas deixem que Deus os transforme por meio de uma completa mudança da mente de vocês".

Romanos 12:1

A forma como pensamos diz muito sobre nós, nunca se pode separar o caráter de uma pessoa, de seus pensamentos e de suas ações. Nós somos aquilo que fazemos constantemente, os nossos pensamentos sempre serão traduzidos através de nossas atitudes. Por isso, quando Deus quer levar uma pessoa a um novo nível, ele vai conduzi-la ao Deserto, pois seus pensamentos precisam ser transformados, precisam ser elevados, não dá para ser grande e continuar pensando como um pequeno.

A pequenez, a mediocridade ou a grandeza? De acordo com os seus pensamentos você vai agir, aí o seu estado será revelado. O desejo de Deus no deserto é levá-lo à grandeza, é levar você a vencer as fraquezas da alma pequena e medíocre. Veja a resposta de Jesus no deserto depois dos 40 dias:

"Então, o tentador, aproximando-se, lhe disse: Se és Filho de Deus, manda que estas pedras se transformem em pães. Jesus, porém, respondeu: Está escrito: Não só de pão viverá o homem, mas de toda palavra que procede da boca de Deus"

Mateus 4:3,4

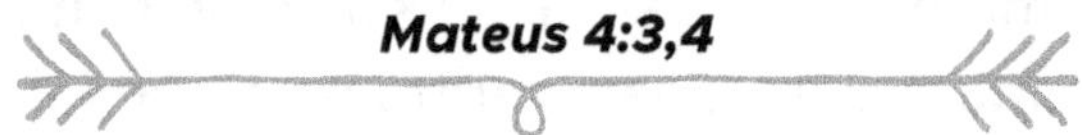

Ele venceu a concupiscência dos olhos. A tentação é a tentativa de nos convencer a focar no que está nos faltando é não na abundância do Senhor. Aqueles que dominam seus medos tem força para rejeitar a voz do inimigo. Quando mudamos os nossos pensamentos, mudamos também a nossa visão. Seus olhos não mais estavam focados nas coisas terrenas, seus pensamentos foram elevados a grandeza, sua resposta revelou a imagem de Deus em sua vida.

Quando mudamos nossos pensamentos, somos despertados pelo Senhor, então voltamos a essência da sua criação, começamos a refletir as quatro características da Sua imagem e Semelhança.

"Também disse Deus: Façamos o homem à nossa imagem, conforme a nossa semelhança; tenha ele domínio sobre os peixes do mar, sobre as aves dos céus, sobre os animais domésticos, sobre toda a terra e sobre todos os répteis que rastejam pela terra."

Gênesis 1:26

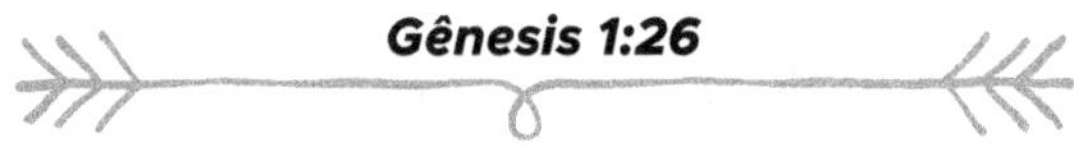

Imagem de Caráter

"Para que sejais irrepreensíveis e sinceros, filhos de Deus inculpáveis no meio duma geração corrompida e perversa, entre a qual resplandeceis como astros no mundo."

Filipenses 2:15

Quando entramos no deserto, todos os valores aprendidos que colaboraram na formação do nosso caráter são confrontados por Sua Palavra que é a base de nosso viver. Temos agora um modelo de homem santo, puro, irrepreensível, íntegro que deu sua própria vida pela humanidade e hoje habita em nós, ou seja, nosso Senhor Jesus Cristo. Aqueles que refletem o caráter de Deus, vencem as tentações e os perigos que existem no deserto.

Imagem de Santificação

"Disse Josué também ao povo: Santificai-vos, porque amanhã fará o Senhor maravilhas no meio de vós".

Josué 3: 5

No processo da santificação o cristão é ensinado e moldado a viver cada vez mais para Deus, numa vida de retidão conforme a vontade do Senhor. Pessoas que tenham ousadia e coragem de fugir do pecado, da mentira, enfim de tudo que possa manchar a santidade de Deus em sua vida, que sejam íntegros e limpos de coração.

Quando vivemos em santidade, vencemos as tentações e as concupiscências de nossa velha natureza. Através da santificação, nosso ser é mudado gradualmente, desse modo somos habilitados a resistir aos hábitos e práticas pecaminosas da nossa carne e buscar diligentemente um modo de vida semelhante a Cristo.

Imagem de Autoridade

"Jesus chamou os seus doze discípulos e lhes deu autoridade para expulsar espíritos maus e curar todas as enfermidades e doenças graves".

Mateus 10:1

A genuína autoridade é um somatório de um caráter sendo exercitado no quebrantamento da alma, juntamente investida com uma santificação no comportamento. Hoje vemos muitas pessoas obcecadas pela autoridade. Mas autoridade sem caráter e santificação é simplesmente uma armadilha espiritual. E através desta autoridade irresponsável muitos são seduzidos e destruídos.

Jesus deu autoridade aos seus discípulos para exercitarem poder neste mundo, mas também ensinou que a quem muito é dado, muito será cobrado. Autoridade anda junto com a responsabilidade. A responsabilidade é a obrigação moral de prestar contas em relação a tudo o que nos foi confiado. Ninguém está isento disso.

Existem dois níveis de responsabilidade mediante pessoas que ocupam uma posição de autoridade. A primeira responsabilidade é honrar e a segunda é obedecer. Aquele que quebra o princípio de autoridade é quebrado pelo próprio princípio.

Imagem de poder

"Tendo iluminados os olhos do vosso entendimento, para que saibais qual seja a esperança da sua vocação, e quais as riquezas da glória da sua herança nos santos; E qual a sobre excelente grandeza do seu poder sobre nós, os que cremos, segundo a operação da força do seu poder, Que manifestou em Cristo, ressuscitando-o dos mortos, e pondo-o à sua direita nos céus."

Efésios 1:18-20

Quando estamos alicerçados nessa fonte de poder que é a Sua palavra, seremos uma sementeira ampla, para que os projetos de Deus sejam estabelecidos em nossas vidas, viveremos em sua luz e produziremos poder para mudar tudo ao nosso redor: onde houver morte, haverá vida; onde houver tristeza, haverá alegria.

Nunca diga a Deus que você tem uma fraqueza e não consegue vencê-la, mas diga a sua fraqueza que você tem um grande Deus. Pois, seremos extensão dEle, seremos como uma trombeta a anunciá-lo, que congregará o povo

trazendo um avivamento, tendo vitória nas guerras, as quais somos expostos.

Poder para construirmos uma história diferente, um estilo de vida novo e valioso aos olhos de Deus, como Ele projetou. No deserto semeamos um novo pensamento para que colhamos novos sentimentos.

2- Transformação dos sentimentos

"Então, o diabo o levou à Cidade Santa, colocou-o sobre o pináculo do templo e lhe disse: Se és Filho de Deus, atira-te abaixo, porque está escrito: Aos seus anjos ordenará a teu respeito que te guardem; e: Eles te susterão nas suas mãos, para não tropeçares nalguma pedra. Respondeu-lhe Jesus: Também está escrito: Não tentarás o Senhor, teu Deus".

Mateus 4: 5- 7

No deserto os sentimentos são transformados. Quando falamos de sentimentos, estamos falando de emoções, e quando falamos de emoções falamos daquilo que sentimos em nossa carne. A carne é essa parte de nossa natureza que, desprovida de Deus e da graça de Jesus Cristo, oferece um lado fraco ao pecado. Inclui os pecados da carne, mas também todas as ambições mundanas e todos os desejos mesquinhos.

Estar submisso aos desejos da carne é julgar todas as coisas do mundo segundo normas puramente materiais.

É endeusar os prazeres puramente humanos. É o orgulho de uma posição social, o viver uma vida dominada pelos sentidos. É a glutonaria no comer, a entrega ao luxo, a degradação no prazer, a cobiça e o relaxamento na moral, além do egoísmo no uso das posses.

O desejo da carne é cego e desatento para com os mandamentos divinos, e foi nesse sentido que Satanás tentou Jesus em sua segunda proposta. No deserto Jesus foi tentado pela concupiscência da carne.

Quando relembramos a história do povo de Israel, o que me chama muita atenção, é que somos exatamente o reflexo do que eles foram há mais de 3000 anos. O livro de Êxodo relata como foram os dias do povo de Israel enquanto escravos, livres, no deserto, aos pés do monte Horebe e em toda caminhada rumo à Terra Prometida.

O propósito de Deus não foi tirar o povo do Egito e sim levá-los a Canaã. Libertar e sair do Egito era a condição para entrar em Canaã. E entre o Egito e Canaã existia o deserto. O que Deus esperava do povo era que eles estivessem felizes, que eles despertassem um novo sentimento em relação a vida e Deus, mas o sentimento de Egito (escravo) não saia de seus corações.

Entregues aos sentimentos, constantemente reclamavam de tudo, em vários momentos tiveram que esperar, seja por comida, bebida, descanso e a resposta, esse tempo de espera foi de profundas e constantes reclamações, causa pela qual ficaram presos no deserto por quarenta anos, até despertarem para um novo pensamento e sentimento, como um povo do Deus vivo.

E assim foi durante toda jornada do povo hebreu, se tivessem que esperar, eles reclamariam e pior se revoltariam contra o Senhor; prova disso foi quando Moisés subiu ao monte para receber os mandamentos, e o povo achou que Moisés estava demorando demais e resolveram fazer um bezerro de ouro para ser seu deus. Por não aguardarem o tempo de Deus, eles desonraram-no. Essa resposta do povo ao tempo de espera revelava até que ponto eles amavam ao Senhor. Infelizmente, o povo de Israel nos dá um péssimo exemplo em como se portar durante o tempo de espera.

O Baú dos sentimentos

A ideia de Deus em nos levar ao deserto é transformar nossos pensamentos, mudar nossos sentimentos para que tenhamos novos hábitos que nos levem a agradá-lo. Os sentimentos são como um baú, onde guardamos coisas boas e más. No deserto Deus abre o nosso baú e nos mostra que não vale a pena carregar coisas velhas e ruins e que precisamos abrir mão disso, para que as coisas novas e poderosas ocupem o espaço daquilo que não serve mais.

Mas é sempre assim, quando as coisas não saem do nosso jeito, nem no tempo que queremos, começamos a murmurar e reclamar, esquecemos tudo que Deus fez em nós e por nós, deixamos sentimentos ruins ocuparem nosso pensamento, e começamos a não mais crer que Deus pode mudar tudo.

No deserto precisamos mudar nossos sentimentos, precisamos entender que o amor por Deus precisa ser racional e não emocional. O propósito de Deus é nos levar ao lugar da promessa, mas para isso precisamos abrir mão dos sentimentos de Egito (mundo). Tudo que o tentador fez com Jesus foi levá-lo a querer sentir sentimentos de Egito (mundo), mas a resposta de Jesus foi direta e certeira: "Não tentarás o Senhor teu Deus".

Quando é que tentamos a Deus?

Tentamos a Deus quando vivemos um amor emocional e não racional. O Amor Racional não depende de favorecimentos, depende de caráter! Caráter fala da memória do coração, fala de integridade, de ser inteiro, não depende de sentimentos. O amor racional é frio, mas verdadeiro, é duro, mais intenso. O amor racional tudo sofre, tudo crê, tudo espera, tudo suporta.

O amor emocional é totalmente dependente de uma agenda de benefícios, está ligado a vontade e querer, este amor depende de algo ou de outro para ser feliz, para se sentir bem, para se sentir amado. O amor emocional é cego, pois não consegue enxergar o outro, só enxerga o que quer, o amor emocional anda de mãos dadas com a loucura. Para melhor ilustrar isso vou contar uma história:

Conta-se que uma vez reuniram todos os sentimentos e qualidades dos homens em um lugar da terra. Quando o ABOR-RECIMENTO havia reclamado pela terceira vez, a LOUCURA, como sempre tão louca, lhes propôs: Vamos brincar de escon-de-esconde? A INTRIGA levantou a sobrancelha intrigada e a CURIOSIDADE sem poder conter-se perguntou: "Esconde-es-conde? Como é isso?"

- É um jogo, explicou a LOUCURA, em que eu fecho os olhos e começo a contar de um a um milhão enquanto vocês se escondem, e quando eu tiver terminado de contar, o primeiro de vocês que eu encontrar ocupará meu lugar para continuar o jogo.

O ENTUSIASMO dançou seguido pela EUFORIA. A ALEGRIA deu tantos saltos que acabou pôr convencer a DÚVIDA e até mesmo a APATIA, que nunca se interessavam por nada.

Mas nem todos quiseram participar. A VERDADE preferiu não se esconder. "Para que se no final todos me encontram?"

A SABEDORIA opinou que era um jogo muito tonto (no fundo o que a incomodava era que a ideia não tivesse sido dela). A COVARDIA preferiu não se arriscar. Um, dois, três, quatro... - começou a contar a LOUCURA. A primeira a esconder-se foi a PRESSA, que como sempre caiu atrás da primeira pedra do caminho. A FÉ subiu ao céu e a INVEJA se escondeu atrás da sombra do TRIUNFO, que com seu próprio esforço tinha conseguido subir na copa da árvore mais alta.

A GENEROSIDADE quase não consegue esconder-se, pois cada local que encontrava, lhe parecia maravilhoso para algum de seus amigos. Se era um lago cristalino, ideal para a BELEZA. Se era a copa de uma árvore, perfeito para a TIMIDEZ. Se era o voo de uma borboleta, o melhor para a VOLÚPIA. Se era uma rajada de vento, magnífico para a LIBERDADE. E assim acabou escondendo-se em um raio de sol.

O EGOÍSMO, ao contrário, encontrou um local muito bom desde o início. Ventilado, cômodo, mas apenas para ele. A MENTIRA escondeu-se no fundo do oceano (mentira, na realidade, escondeu-se atrás do arco-íris). E a PAIXÃO e o DESEJO, no centro dos vulcões. O ESQUECIMENTO, não me recordo onde se escondeu, mas isso não é o mais importante.

Quando a LOUCURA estava lá pelo 999.999, o AMOR ainda não havia encontrado um local para esconder-se, pois todos já estavam ocupados, até que encontrou uma roseira e, carinhosamente, decidiu esconder-se entre suas flores.

A primeira a aparecer foi a PRESSA, apenas a três passos de uma pedra. Depois, escutou-se a FÉ discutindo com Deus, no céu, sobre zoologia. Sentiu-se vibrar a PAIXÃO e o DESEJO nos vulcões. Em um descuido, a LOUCURA encontrou a INVEJA e claro, pôde deduzir onde estava o TRIUNFO. O EGOÍSMO, não teve nem que procurá-lo: ele sozinho saiu disparado de seu esconderijo, que na verdade era um ninho de vespas.

De tanto caminhar, a LOUCURA sentiu sede e ao aproximar-se de um lago, descobriu a BELEZA. A DÚVIDA foi mais fácil ainda, pois a encontrou sentada sobre uma cerca sem decidir de que lado se esconder. E assim foi encontrando a todos. O TALENTO entre a erva fresca, a ANGÚSTIA em uma cova escura, a MENTIRA atrás do arco-íris (mentira, estava no fundo do oceano) e até o ESQUECIMENTO, que já havia esquecido que estava brincando de esconde-esconde.

Apenas o AMOR não aparecia em nenhum local. A LOUCURA procurou atrás de cada árvore, embaixo de cada rocha do planeta e em cima das montanhas. Quando estava a ponto de dar-se por vencida, encontrou um roseiral. Pegou uma forquilha e começou a mover os ramos, quando, no mesmo instante, escutou-se um doloroso grito. Os espinhos tinham ferido o AMOR nos olhos.

A LOUCURA não sabia o que fazer para desculpar-se. Chorou, orou, implorou, pediu perdão e até prometeu ser seu guia. Desde então, desde que pela primeira vez se brincou de esconde-esconde na terra, o AMOR é cego e a LOUCURA sempre o acompanha.

Ao lermos essa história podemos ver o porquê nosso amor por Deus não pode ser emocional, a loucura não pode ter espaço em nossos corações, e é no deserto que isso é revelado e precisa ser mudado. Por causa disso, do amor emocional, o povo ficou quarenta anos andando em círculos no deserto, até nascer uma geração que amasse a Deus de forma incondicional, uma geração que estaria disposta a entrar em Canaã, nem que isso custasse a sua própria vida.

"Rogo-vos, pois, irmãos, pelas misericórdias de Deus, que apresenteis o vosso corpo por sacrifício vivo, santo e agradável a Deus, que é o vosso culto racional. E não vos conformeis com este século, mas transformai-vos pela renovação da vossa mente, para que experimenteis qual seja a boa, agradável e perfeita vontade de Deus".

Romanos 12:1 e 2

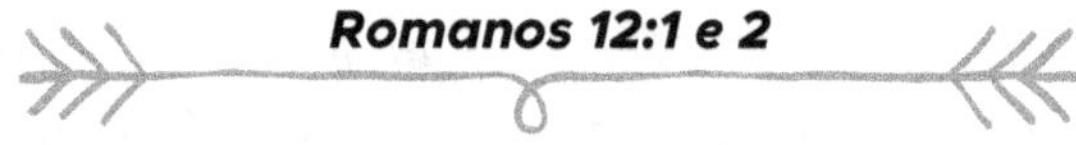

3- Desenvolvimento de novos hábitos

Seu hábito determina quem você é. Quem você é determina quem você atrai. Quem você atrai determina o seu caráter.

Deus sempre levará uma pessoa ao deserto se Ele deseja promovê-la. O deserto é o lugar onde somos levados a desenvolver novos hábitos, que nos revelarão nosso novo "eu". No deserto pensamentos precisam ser modificados, sentimentos transformados e novos hábitos desenvolvidos. O nosso Deus, é um Deus de hábitos, costumes e rituais. Há uma grande necessidade de hábitos ou rituais diários em nossa vida, que vão alimentar o nosso foco e a nossa força, além de criar zonas de conforto que vão fazer o dia fluir num ritmo mais fácil.

Estudos revelam que são necessários 21 dias consecutivos de disciplina para criar um novo hábito, e se você falhar um dia terá que voltar a fazer os 21 dias novamente. O hábito o levará mais longe que a paixão. Se você falhar será por causa do hábito, se você alcançar o sucesso será por causa do hábito. Grandes homens, são homens de hábitos e rituais. A honra é a recompensa pela diferença, e o reconhecimento e a celebração da distinção do outro. Hábitos decidem o ritmo de vida, decidem o seu futuro, hábitos ajudam você a vencer o desapontamento e o desânimo, os sentimentos podem te levar a falhar, mas os hábitos não.

O hábito o levará mais longe que o desejo, quando o desejo esgota, os hábitos não param, quando a sua paixão desacelera, o seu hábito o manterá no trilho, hábito nos sustentam, confortam e dão estabilidade. Hábitos de honra decidem cada sucesso que você experimentará com Deus e com os homens.

"Levou-o ainda o diabo a um monte muito alto, mostrou-lhe todos os reinos do mundo e a glória deles e lhe disse: Tudo isto te darei se, prostrado, me adorares. Então, Jesus lhe ordenou: Retira-te, Satanás, porque está escrito: Ao Senhor, teu Deus, adorarás, e só a ele darás culto". Com isto, o deixou o diabo, e eis que vieram anjos e o serviram."

Mateus 4: 8-11

O deserto por fim concluiu a obra em Jesus, o tentador o provou pela última vez, talvez ele pensou que agora conseguiria reprovar Jesus no deserto, oferecendo-lhe a glória do mundo se ele o adorasse, mas Jesus respondeu que a sua adoração já tinha dono, e só a Deus daria culto.

O deserto fortaleceu e cristalizou em Jesus pensamentos, sentimentos e hábitos divinos e eternos. Ele sairia do deserto aprovado, poderoso e convicto de sua obra e missão aqui na terra. Um novo tempo se abriu, uma nova época se fundou. Este é o propósito do deserto na vida de uma pessoa, produzir novos pensamentos, sentimentos e hábitos que culminarão em trazer um novo tempo sobre sua vida.

CAPÍTULO 5

TEMPO DE VALE

Se o trabalho do deserto em nossa vida é mudar a nossa forma de pensar, sentir e nos dar hábitos novos que denunciam nossa nova modelagem, o papel do vale é nos levar a executar tudo aquilo que o deserto mudou.

> **O vale é o lugar onde aprendemos a ouvir a voz de Deus e obedecer**

Todos que passaram pelo deserto, terão de forma obrigatória o passar pelo vale, pois o vale é um degrau acima do deserto. O vale é um lugar solitário, é literalmente o lugar da prova, você vai ser testado em tudo que aprendeu no deserto, por isso, você deverá passar sozinho. Vou tentar ilustrar isso melhor:

Em qualquer escola, todo aluno antes de fazer a prova precisa estudar, ele precisa aprender. O aluno passa mais tempo aprendendo do que sendo testado naquilo que aprendeu e no tempo de aprendizado ele usufrui da companhia de pessoas, faz amizades, se diverte. No entanto, quando o professor aplica a prova, já não pode aproveitar da companhia dos amigos para pedir ajuda, ele não terá recursos para recorrer, o aluno precisa estar só, somente o aluno e o professor, ali de fato é possível identificar o nível do seu aprendizado.

Geralmente o sentimento que vem sobre nós no vale é de abandono, parece que as pessoas esqueceram de nós. Não que essas pessoas sejam ingratas, é que Deus as impede de ajudá-lo no vale, pois no vale você não tem amigos, não tem parentes, não tem conselheiros, no vale você aprende estar a sós com Deus passando pelo estreito. No vale você ora, chora, geme, clama, busca, profetiza, você precisa executar o que aprendeu, precisa ser obediente.

"Veio sobre mim a mão do SENHOR; ele me levou pelo Espírito do SENHOR e me deixou no meio de um vale que estava cheio de ossos, e me fez andar ao redor deles; eram mui numerosos na superfície do vale e estavam sequíssimos. Então, me perguntou: Filho do homem, acaso, poderão reviver estes ossos? Respondi: SENHOR Deus, tu o sabes. Disse-me ele: Profetiza a estes ossos e dize-lhes: Ossos secos, ouvi a palavra do SENHOR. Assim diz o SENHOR Deus a estes ossos: Eis que farei entrar o espírito em vós, e vivereis. Porei tendões sobre vós, farei crescer carne sobre vós, sobre vós estenderei pele e porei em vós o espírito, e vivereis. E sabereis que eu sou o SENHOR. Então, profetizei segundo me fora ordenado; enquanto eu profetizava, houve um ruído, um barulho de ossos que batiam contra ossos e se ajuntavam, cada osso ao seu osso. Olhei, e eis que havia tendões sobre eles, e cresceram as carnes, e se estendeu a pele sobre eles; mas não havia neles o espírito. Então, ele me disse: Profetiza ao espírito, profetiza, ó filho do homem, e dize-lhe: Assim diz o SENHOR Deus: Vem dos quatro

ventos, ó espírito, e assopra sobre estes mortos, para que vivam. Profetizei como ele me ordenara, e o espírito entrou neles, e viveram e se puseram em pé, um exército sobremodo numeroso".

Ezequiel 37:1-10

Entendimentos necessários

Nunca iremos morrer no deserto pois ali é um lugar de transição. Mas é possível morrer no vale, pois é no vale que escolhemos se viraremos ossos ou se seremos profetas. E se sua escolha for passar pelo vale, aprenderá que o texto de Ezequiel mostra alguns pontos significativos que devemos considerar para jamais morrer no vale.

I - É Deus que nos leva para o vale

"Veio sobre mim a mão do SENHOR; ele me levou pelo Espírito do SENHOR e me deixou no meio de um vale que estava cheio de ossos,".

Ezequiel 37:1

Ezequiel deixa bem claro que foi pelo Espírito de Deus, que ele acabou em um vale de ossos secos. Eu aprendo algo aqui, que nem sempre é o inimigo que nos leva ao vale, a maioria das vezes é o Espírito de Deus que nos faz transitar nestes vales em nossa vida. O intuito de Deus é nos promover, só resta sabermos se seremos aprovados. No vale, Deus testa o homem em sua fé, em sua obediência e em sua devoção.

Por isso, nunca reclame daquilo que você vive, do vale que você passa, porque coisas extraordinárias só acontecem com pessoas extraordinárias, isso é um sinal de um futuro extraordinário que o aguarda.

II - O vale é um lugar de reflexão

"...E me fez andar ao redor deles; eram mui numerosos na superfície do vale e estavam sequíssimos".

Ezequiel 37: 2

São três as reflexões que Deus nos traz a atenção:

a) "Me fez andar ao redor deles"

O profeta andou ao redor dos ossos, mas não era apenas ossos, eram homens reprovados no vale, ali estavam sonhos desperdiçados, potenciais perdidos, ideias que jamais se tornariam projetos. Quando observamos o erro de alguém logo pensamos assim: "eu não vou errar nisso!" E é isso que Deus deseja nos mostrando as situações alheias.

No vale, Deus nos coloca dentro da dificuldade, aqui o profeta não é chamado para ver o que quer, pois Deus não está interessado em lhe mostrar o que ele quer, e sim o que ele precisa ver! Imagine o que deve ter passado pela mente do profeta naquele instante? Ele deve ter pensado: "Deus, que coisa terrível; estou rodeado de morte; não consigo ver aqui nada além do domínio da morte".

Mas, o vale é um lugar de reflexão, Deus vai lhe mostrar a realidade da situação que você se encontra, para que nunca mais você tenha vontade de viver isso novamente. Sabe aquele momento da prova que você começa a pensar: "Porque eu não estudei direito? Porque eu não investi tempo para aprender isso?"

b) "Eram mui numerosos na superfície do vale"

Deus não mascara situações! Deus não trabalha com maquiagem, ele mostra a dimensão da crise. Ver coisas bonitas é muito bom, agrada aos nossos olhos. Todavia, a paisagem para qual o profeta é conduzido não é em nada atraente, simplesmente um lugar cheio de crânios e de restos mortais. No vale, Deus nos leva a ver como está a nossa vida, como se encontra nossa alma e a dimensão da crise que se alojou sobre nós.

c) "Estavam sequíssimos"

Deus o mostra a que ponto chegou o problema, Ele revela a gravidade da crise e a seriedade da situação que é de assustar qualquer um, os ossos estavam sequíssimos!

Deus levou o profeta a três reflexões sobre aquilo que lhe havia mostrado, o levou a andar no meio da crise, a ter a dimensão e a gravidade dela, e tudo isso para que ele pudesse tomar uma decisão consciente, para que ele pudesse fazer uma escolha.

III - O vale é um lugar de decisão

"Então, me perguntou: Filho do homem, acaso, poderão reviver estes ossos? Respondi: SENHOR Deus, tu o sabes.".

Ezequiel 37:3

É no vale que você decide, crer ou não crer em Deus. Veja que o profeta não tomou decisões precipitadas, não usou os achismos como é nosso costume fazer, ele simplesmente disse: Senhor tu o sabes!

O que fazer?

Houve um momento da igreja que estávamos literalmente no vale, financeiramente muito apertados, e não víamos nenhuma luz para uma solução, as dívidas crescendo e ficamos muito temerosos em relação ao futuro, a ansiedade bateu em nosso coração, o que resultou em muitas noites em claro. Tínhamos apenas dois anos de igreja, estávamos na pior fase do ciclo de 7 anos, muito trabalho e pouco resultado. Parece que quando estamos assim, acabamos atraindo pessoas que estão vivendo a mesma coisa. Foi quando um amigo, também pastor veio atrás de mim para buscar um conselho.

Estava chegando as eleições e um político o procurou oferecendo ajuda financeira. Aquela parecia ser uma resposta de Deus às suas orações, pois ele estava debaixo de uma pressão muito grande. Me contou que durante a conversa com ele, o político propôs um negócio que resolveria o seu problema imediatamente e ainda sobrava um bom dinheiro. Me disse que funcionaria da seguinte maneira: o homem depositaria uma quantia na conta de sua igreja e o pastor teria que devolver 75% do montante. O pastor me contou que seu coração ficou muito feliz, mas a sua razão tirou-lhe a paz. Ele sabia que era uma proposta para lavar dinheiro. Ele agradeceu a lembrança, e disse que iria pensar sobre isso e logo daria a resposta. Foi quando ele me procurou, ao ouvir tudo, eu pude sentir os sentimentos do pastor, um de alivio pois sairia do aperto e outro de peso, pois estaria fazendo o que não agrada a Deus.

Naquele mesmo dia oramos juntos e nos dois tivemos a mesma resposta de Deus: Você vai trocar a promessa por um prato de lentilhas? Ele na mesma hora respondeu: Não! Ao meu lado ele ligou para o político e disse que não daria para ele fazer o que propôs, agradeceu a proposta e desligou o telefone. Assim que desligou, ele foi tomado por um choro intenso, pois estava voltando à estaca zero! No entanto, poucas semanas depois, ele me ligou novamente, mas desta vez foi para falar de uma bênção de Deus. Ele falou que um irmão da igreja ganhou uma causa da justiça, e deu a ele metade do recurso recebido, pois Deus o tinha mandado fazer isso. E através desta oferta o pastor conseguiu resolver todos os seus problemas financeiros.

Neste dia eu pude ver o agir de Deus na vida dele, e aprendi mais uma vez que o melhor é decidir sempre confiar em Deus, e descansar Nele. Dele vem as respostas que precisamos.

IV - Vale é o lugar de ouvir e obedecer a voz de Deus

"Disse-me ele: Profetiza a estes ossos e dize-lhes: Ossos secos, ouvi a palavra do SENHOR. Assim diz o SENHOR Deus a estes ossos: Eis que farei entrar o espírito em vós, e vivereis. Porei tendões sobre vós, farei crescer carne sobre vós, sobre vós estenderei pele e porei em vós o espírito, e vivereis. E sabereis que eu sou o SENHOR.".

Ezequiel 37:4 a 6

Em primeiro lugar:

É preciso obedecer. Para transformar os problemas ao nosso redor, temos que obedecer às ordens do Senhor. Ezequiel não ficou discutindo com Deus perguntando se tinha que ser assim mesmo, ou dando ideia a Ele. Deus disse: *"Profetiza a estes ossos!"* Tem gente que Deus dá uma direção, e quando vai fazer é uma dificuldade, sempre tem que inventar ou acrescentar algo, e depois não sabe porque as coisas em sua vida não dão certo.

Em segundo lugar:

Não tem como profetizar se você não crer. Eu preciso crer e profetizar. É processual, crer primeiro, e depois profetizar.

Crer é: ter disposição mental a aceitar o novo, o impossível.

Profetizar é: liberar a fé e ter atitudes que irão te proporcionar o milagre.

"Então, profetizei segundo me fora ordenado; enquanto eu profetizava, houve um ruído, um barulho de ossos que batiam contra ossos e se ajuntavam, cada osso ao seu osso.".

Ezequiel 37: 7

Assim, com a palavra e a ação do profeta em obedecer a direção de Deus, os ossos tornaram a se juntar. Essa é a tríade do milagre: é preciso obedecer para crer, é preciso crer para profetizar, é preciso profetizar para ver o milagre acontecendo.

Então profetize, declare a vitória sobre seu viver, pois se existe algo que está morto, seco em sua vida, seja sua família, seu ministério, seus negócios, ou até mesmo você, então profetize! Determine, que esses ossos se juntarão de novo cada um ao seu lugar.

Ação em etapas

"Olhei, e eis que havia tendões sobre eles, e cresceram as carnes, e se estendeu a pele sobre eles; mas não havia neles o espírito."

Ezequiel 37: 8

Deus é um Deus de ordem, faz cada coisa na sua vez, pois quando você aprende a contar o tempo, você passa a compreender que Deus sempre nos levará a passar pelos ciclos, pelas etapas, para que alcancemos a maturidade e o milagre.

Observe bem as etapas no vale de ossos secos e compare com o processo do deserto. De acordo com o texto primeiro vieram os tendões, depois a carne e então a pele.

Tendões: são eles que estabelecem a ligação entre músculos e ossos e transferem a força para o esqueleto. Uma referência a **pensamentos**.

Carne: é o que reveste o corpo dando forma e conferindo sensibilidade. Uma referência a **coração**.

Pele: aquilo que traz beleza ao corpo, aquilo que todos veem. Uma referência a **atitudes**.

Não queira colocar pele naquilo que não tem nem carne ainda, não adianta colocar carne onde não existem tendões. Deus não faz nada bagunçado, aprenda a respeitar os ciclos de Deus dentro do tempo, aprenda a esperar o tempo de Deus para cada coisa em sua vida. Releia com atenção este texto:

"Então, ele me disse: Profetiza ao espírito, profetiza, ó filho do homem, e dize-lhe: Assim diz o SENHOR Deus: Vem dos quatro ventos, ó espírito, e assopra sobre estes mortos, para que vivam. Profetizei como ele me ordenara, e o espírito entrou neles, e viveram e se puseram em pé, um exército sobremodo numeroso."

Ezequiel 37:9 e 10

Vale de Oportunidades

Não reclame do seu problema, ou da situação que você se encontra, se você está no lugar que Deus realmente te colocou, tem autoridade para profetizar, ainda que esse lugar seja sem vida. Não faça como Esaú que trocou sua primogenitura por um prato de lentilhas (Vide Gênesis 25:34), ou como Sansão que trocou seu nazireado pelas orgias e noitadas (Juízes 14), nem mesmo faça como Saul que trocou seu reinado pelo orgulho e desobediência (1 Samuel 15).

Não se equipare a Geazi que trocou seu ministério e a unção de Deus, por bens materiais (2 Reis 5:27), e tampouco como Demas que trocou seu ministério pelo amor ao mundo (2 Timóteo 4:10). Aproveite cada oportunidade no vale para ser uma voz de Deus e construir ao invés de desistir ou negociar, pois aquilo que Deus tem em você e para você não está à venda.

Continue profetizando, nunca desista, nem tampouco desobedeça. Lembre você tem autoridade no seu casamento, no seu ministério, na sua família e no seu trabalho. No entanto, saiba que se você está fora da direção de Deus pode clamar que nada vai acontecer, mas caso contrário, Profetize! Determine!

Faça sua parte, o que agora está parecendo um vale de ossos secos, muito em breve se tornará em um milagre poderoso, e Deus vai restituir tudo o que te foi tirado, roubado ou até mesmo perdido, ainda que você se ache sem futuro, sem nenhuma perspectiva, creia e busque, pois Deus vai levantá-lo como um grande guerreiro. Depois do vale sempre vem o monte.

TEMPO DE MONTE

No monte revelamos quem realmente nós somos, lá não tem como camuflar e nem esconder de Deus as verdadeiras intenções de nosso coração. No monte é lugar de construir altares e não torres e os montes exercem um papel importante no trato de Deus com Seu povo.

Na língua inglesa, temos a expressão: "Top of the montain". Essa expressão se deu origem na Bíblia por causa das relações que Deus teve com seu povo em vários "cumes dos montes". De modo que essa frase passou a significar um momento de plenitude e de elevação.

E no caso de nossa abordagem relativa ao tempo, se manisfesta como um tempo de revelação significativa dada por Deus. Recordemos então alguns acontecimentos importantes que se deram sobre os montes e montanhas na história do povo de Deus:

Foi nas montanhas de Ararate, quando as águas do dilúvio baixaram que a arca de Noé parou, e ali Deus fez uma aliança com Noé.

"No dia dezessete do sétimo mês, a arca repousou sobre as montanhas de Ararate. E as águas foram minguando até ao décimo mês, em cujo primeiro dia apareceram os cimos dos montes."

Gênesis 8:4,5

Foi no monte Moriá, que Deus pediu a Abraão que sacrificasse seu único filho, Isaque, e na hora do sacrífico, Deus providenciou o Cordeiro como um substituto.

"Acrescentou Deus: Toma teu filho, teu único filho, Isaque, a quem amas, e vai-te à terra de Moriá; oferece-o ali em holocausto, sobre um dos montes, que eu te mostrarei."

Gênesis 22:2

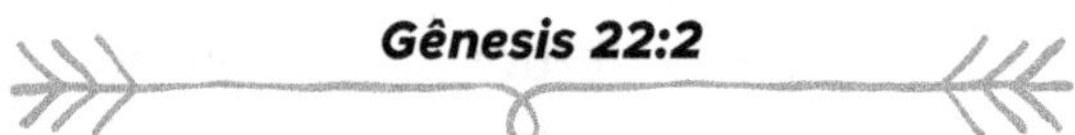

Mais tarde, Deus apareceu a Davi, pai de Salomão quando o mesmo preparou a eira (o lugar) que pertenceu a Araúna, o jebuseu, para a construção do Templo do Senhor, o lugar onde sacrifícios substitutivos seriam oferecidos até a vinda de Jesus.

"Começou Salomão a edificar a Casa do SENHOR em Jerusalém, no monte Moriá, onde o SENHOR aparecera a Davi, seu pai, lugar que Davi tinha designado na eira de Ornã, o jebuseu."

2 Crônicas 3: 1

O rabino Samson Raphael Hirsch (1808-1888), em seu conhecido comentário sobre a Torá, nos propõe o seguinte: *"Se é verdade aquilo que os Mestres ensinam, que o nome Moriá indica a localidade da qual saiu o ensino, o esclarecimento, se foi nesse lugar que Caim e Abel ofertaram os primeiros sacrifícios...."*

E o que falar do monte Monte Sinai, também conhecido como Monte Horebe, onde Deus revelou Seu caráter a Moisés e lhe deu os Dez Mandamentos (Êxodo 19:16-20). Ou do Monte Carmelo, onde Elias desafiou os profetas de Baal e demonstrou seu poder, levando assim ao sacrifício dos 450 profetas de Baal e 400 profetizas de Assera naquele monte (1 Reis 18).

Poderíamos falar de tantos montes e montanhas tanto do Antigo como do Novo Testamento, onde Deus falou, visitou, e manifestou poder e restauração. Mesmo nosso mestre Jesus iniciou seu ministério no famoso Sermão do Monte.

Assim que, os montes e as montanhas são símbolos da revelação de Deus ao homem e da sua manifestação gloriosa. Deus nos leva a "experiência no topo da montanha" a fim de nos abençoar quando tivermos que descer ao deserto e ao vale.

Quando passamos pelo deserto, mudamos nossos pensamentos, sentimentos e atitudes, levando-nos a novos hábitos, logo em seguida entramos no vale, e no vale é a prova de fogo que pelo qual passamos, lá iremos executar o que aprendemos no deserto. Depois do vale, entramos no monte, lugar da plenitude e do favor de Deus.

Por isso não se engane, se quiser conhecer uma pessoa dê a ela poder e observe como ele se comporta no monte, suas atitudes irão se revelar e mostrarão se ela está construindo torres ou altares.

Construindo Torres

Vivemos num tempo onde o homem busca constantemente um lugar ao sol, a fim de conseguir as tão sonhadas realizações de sonhos, projetos, estabilidade financeira, social e familiar, e o grande perigo disso, é esquecermos daquilo que aprendemos no deserto e do que conquistamos no vale, pois, se existe algo que cega o homem é o desejo pelo sucesso.

Eu já vi muitas pessoas que quando não tinham este favorecimento, viviam uma vida cheia de Deus, eram sedentas, tinham o coração voltado ao próximo, cheios de bondade. Mas foi só chegar no tempo do monte, mudaram por completo, pareciam ser outra pessoa, os valores e princípios adquiridos pareciam não mais fazer sentido e só o sucesso se tornou o propósito principal de suas vidas.

Construir torres é uma busca frenética pela própria fama. É uma tentativa de auto engrandecimento, é viver para si mesmo, e ser o deus de sua vida. A Bíblia fala de um povo que construiu uma torre denominada Babel. A palavra Babel deriva-se do hebraico "balal", que significa "misturado" ou "confuso".

"Disseram: Vinde, edifiquemos para nós uma cidade e uma torre cujo tope chegue até aos céus e tornemos célebre o nosso nome, para que não sejamos espalhados por toda a terra."

Gênesis 11:4

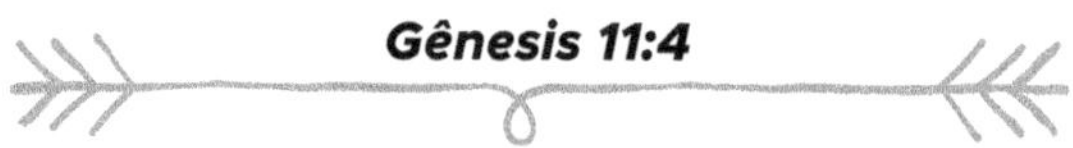

Os homens reuniram-se para construir uma *"torre cujo o topo chegue aos céus"*, com altura entre 91 e 99 metros, demonstrando um esforço monumental motivado pelo orgulho, em busca da fama, já que diziam: *"tornemos célebre o nosso nome"* uma clara expressão o auto engrandecimento.

As pessoas nesta história construíram a torre como um monumento para sua própria grandeza, queriam eternizar seus nomes, algo para ser visto por todo mundo. Estes construtores estavam tentando obter relevância e imortalidade nos seus feitos, porém, apenas Deus pode dar um nome eterno a aqueles que engrandecem o Seu nome. A torre de Babel era um monumento para engrandecer pessoas e não a Deus, era uma obra da carne.

"Ora, as obras da carne são conhecidas e são: prostituição, impureza, lascívia, idolatria, feitiçarias, inimizades, porfias, ciúmes, iras, discórdias, dissensões, facções, invejas, bebedices, glutonarias e coisas semelhantes a estas, a respeito das quais eu vos declaro, como já, outrora, vos preveni, que não herdarão o reino de Deus os que tais coisas praticam."

Gálatas 5:19- 21

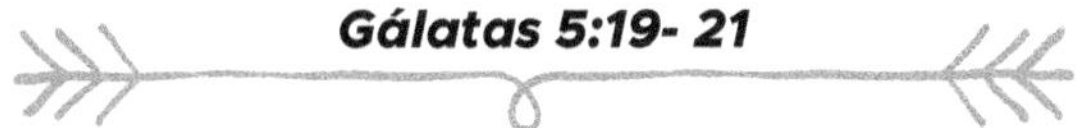

Após a dedicação na construção da torre, o que aqueles homens conseguiram foi a famosa "confusão de línguas" e foram espalhados por toda a terra, e cada um passou a ter um idioma diferente do outro.

Assim também é em nosso tempo, vivemos em uma época em que há mais pessoas construindo torres que erguendo altares. As pessoas estão cada dia mais orgulhosas, soberbas e alienadas de Deus. Vivemos em um mundo de pessoas céticas, descrentes e profundamente voltadas para as coisas materiais. A verdade é que muitos começaram erguendo altares para Deus e agora estão construindo torres para sua própria exaltação.

Se você está vivendo o tempo do monte na sua vida, preste atenção, não construa torres, não coloque Deus em segundo plano, fique atento as suas motivações e prioridades. Você pode ter sucesso e prosperidade, fama e poder, estas coisas podem não estar erradas em si mesmas, mas quando as utilizamos para promover nossa identidade e valor, elas tomam o lugar de Deus em nossa vida.

Nós somos livres para prosperar em muitas áreas, mas não para pensar em tomar o lugar de Deus, pois o preço se torna caro, e a queda sempre vai ser maior que a subida. Agora pare e pense: Quais torres você tem construído?

Construindo Altares

A palavra "altar" significa "lugar de sacrifício". Mas para um cristão, o altar é mais que um lugar, o altar significa uma atitude. Nosso coração deve ser um altar. E é no coração que todas as inclinações e motivações da alma se cristalizam, e é no altar que elas precisam ser balizadas.

Você já percebeu que quando as coisas vão mal, tratamos rapidamente de levantarmos um altar? Nós voltamos nossos pensamentos e orações a Deus, buscando-O com todas as nossas forças, fazemos promessas das mais diversas e sacrificamos o que temos, sejam recursos, tempo, energia, trabalho, na busca do socorro de Deus, pois entendemos que só Ele pode mudar a nossa sorte.

Mas e quando tudo está bem? Temos esta mesma disposição? Continuamos diante de Deus sacrificando e santificando nossa vida? O monte é o lugar onde revelaremos realmente o que está em nosso coração.

Quando Deus chamou Abraão, pediu que ele saísse da terra de seus pais e fosse para a terra da promessa. Ele se mudou de Ur dos Caldeus para Harã e, finalmente para Canaã. Deus disse que não apenas esta nação seria abençoada, mas também o seriam todas as nações da terra, através dos descendentes de Abraão.

Deus prometeu abençoar Abraão e torná-lo famoso. O que os construtores em Babel almejavam fazer com suas próprias forças, Deus concedeu na sua graça soberana a Abraão, mas havia uma condição: ele teria que obedecer a Deus completamente e foi o que ele fez. Abraão construiu um altar.

"Apareceu o SENHOR a Abrão e lhe disse: Darei à tua descendência esta terra. Ali edificou Abrão um altar ao SENHOR, que lhe aparecera. Passando dali para o monte ao oriente de Betel, armou a sua tenda, ficando Betel ao ocidente e Ai ao oriente; ali edificou um altar ao SENHOR e invocou o nome do SENHOR. Depois, seguiu Abrão dali, indo sempre para o Neguebe".

Gênesis 12:7- 9

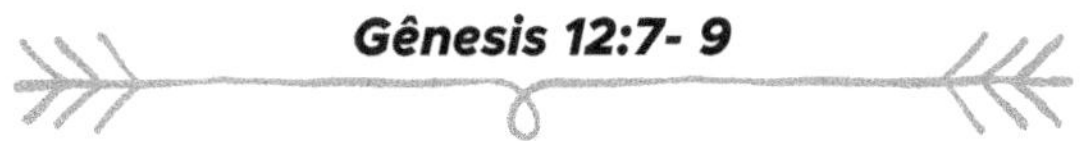

Quando falamos de coisas espirituais, entendemos que altar sem sacrifício não tem sentido, assim como vida cristã sem obediência. Na prática do sacrifício, sob esse novo enfoque, os sacerdotes somos todos nós. Os altares de pedras são os nossos corações. Os novilhos ou cordeiros a serem imolados nos altares são nossas paixões, nossos vícios, o egoísmo que ainda guardamos e a vaidade que expressamos, nossas ambições, orgulho e hipocrisias.

Enfim, nossos inimigos interiores que ainda nos mantêm na retaguarda da jornada em direção à uma vida bem-sucedida que agrada a Deus. Altar sem sacrifício seria como uma promessa sem cumprimento, ou uma cruz vazia. Podemos também comparar o altar com todo compromisso que fazemos com Deus, enquanto que as ofertas e sacrifícios representam tudo aquilo que executamos, aquilo que praticamos.

Construir altares significa, ter comunhão com Deus, ter uma vida de oração e adoração, significa renovar com regularidade o seu amor e obediência, é sacrificar o eu e a vaidade, e lembrar constantemente das promessas de Deus e viver nelas independente do momento, é ter Deus como centro de nossas vidas.

Em várias ocasiões na Bíblia, percebemos a necessidade de se levantar dois tipos de altares: Um para Deus e outro para as pessoas. A afirmação dos homens não vale muita coisa quando não temos a aprovação divina. Porque a opinião do público muda de acordo com aquilo que veem ou ouvem e nada construído sobre algo volúvel merece prosperar.

Não se engane, a vida íntima com Deus sempre precede a vida pública com os homens e toda vez que invertemos esta sequência e transgredimos esta lei, estamos fadados ao fracasso. Aí está a explicação do porquê tantas pessoas se levantam com uma aparência que impressiona, mas subitamente caem e desaparecem. Esta é a lei dos dois altares.

A Lei dos dois Altares

Essa lei define que antes de sermos apresentados aos homens, precisamos nos apresentar diante de Deus. Esta sequência precisa ser obedecida. O altar íntimo sempre precede o altar público ou o altar do testemunho. No monte o altar público precisa estar bem consolidado no altar íntimo.

"Nada há encoberto que não venha a ser revelado; e oculto que não venha a ser conhecido.

Lucas 12:2

O Altar íntimo

Um altar íntimo é um altar para Deus, ele fala do testemunho que Deus dá acerca de nós, esse altar é construído na busca, onde você e seu Pai sabem. Sem isso, agregamos uma inconsistência que mais cedo ou mais tarde nos fará vítimas da vida pública e da imagem que tentamos sustentar perante as pessoas.

O melhor exemplo disso é o do rei Saul, ele não tinha uma vida íntima com Deus. Ele chegou no topo, era o tempo de monte sobre a sua vida, Rei sobre Israel, mas não estava preparado para o cargo, ele não tinha um altar íntimo estabelecido, e quando isso acontece, nossa posição no monte começa a ruir, se não há altar, então haverá uma torre e essa despencará.

Vemos em sua biografia que Saul estava mais preocupado com a sua reputação diante do povo (torre), do que com seu caráter diante de Deus (altar).

"Ao que disse Saul: Pequei; honra-me, porém, agora diante dos anciãos do meu povo, e diante de Israel, e volta comigo, para que eu adore ao Senhor teu Deus."

1 Samuel 15:30

Neste texto o rei Saul já tinha sido repreendido por Samuel e recebido a notícia que Deus o reprovou e não mais estaria com ele, mas o seu arrependimento não era porque tinha pecado contra Deus, e sim, o que o povo iria pensar dele. Repare bem quando ele disse: *"pequei"*, porém não foi uma expressão verdadeira de arrependimento e de pesar por haver pecado, pois quando repetiu essa palavra, acrescentou: *"honra-me, porém, agora diante dos anciãos do meu povo"*.

É evidente que ele estava mais preocupado com a sua reputação diante do povo (altar público), do que com o seu caráter diante de Deus (altar íntimo). Esta foi a terrível transgressão de Saul que o desqualificou como rei. Mesmo depois de desobedecer a Deus, ele ainda continuava mais preocupado com sua imagem pública que com a sua situação diante de Deus.

Lugar Secreto

Eu construo um altar íntimo, quando busco Deus no secreto. O altar secreto do quarto é a recompensa pública, que vem de Deus.

"Mas tu, quando orares, entra no teu quarto e, fechando a porta, ora a teu Pai que está em secreto; e teu Pai, que vê em secreto, te recompensará publicamente. "

Mateus 6:16

Jesus está explicando o poder de uma vida devocional e do relacionamento pessoal com o Deus. O quarto pode ser definido como qualquer lugar onde rotineiramente desfrutamos de uma privacidade com Ele. Você possui o hábito diário de ficar a sós com Deus?

É isso que significa lugar de oração: prática. É a disciplina de se ir diante de Deus, de se responder quando o Espírito o solicita. Significa ter um coração que diz: "Quero ficar sozinho com Deus; preciso conversar com o meu Pai!"

Às vezes o meu lugar secreto é o carro, quando estou só; frequentemente é o meu quarto de televisão em casa. Este tipo de oração do qual estou falando, se trata de intimidade com Deus, de isolamento com Ele. Jesus nos preveniu contra a hipocrisia na oração. Ele traçou uma diferença dramática entre os que buscam a Deus no lugar secreto, e os que oram para que os outros os considerem santo. Os hipócritas são atores, pessoas que agem de maneira consagrada para receber elogios dos outros. Jesus diz que há muitos atores em sua igreja:

"E, quando orares, não sejas como os hipócritas, pois gostam de orar em pé nas sinagogas e nas esquinas das ruas para serem vistos pelos homens. Em verdade vos digo que já receberam o seu galardão"

Mateus 6:5

Como o altar secreto é construído:

Este altar secreto não se constrói na igreja, ou através da comunhão com os irmãos, mas no quarto, a sós com Deus. Pois é dentro do quarto que somos nós mesmos, onde exercitamos total transparência e podemos derramar nosso coração com sinceridade. Dentro do quarto não tememos nos expor e aprendemos a apoiar a nossa fé numa dependência total a Deus e não de pessoas. É no lugar secreto que vamos ter as mais fortes e íntimas revelações e experiências com o Senhor.

No "altar do quarto" oferecemos uma parte do nosso dia, do nosso tempo, e, portanto, da nossa vida, buscando a face de Deus e examinando as Escrituras. Eu construo um altar íntimo, quando começo a sacrificar sem ninguém ver. Altar é o lugar onde nossa vontade é quebrantada e simplesmente damos a Deus tudo que Ele está pedindo. É um lugar de sacrifícios, onde oferecemos algo que nos custa e que Lhe é agradável e verdadeiro.

A palavra "sacrifício" em latim significa "tornar santo". Todo altar é um local onde somos poderosamente tocados e transformados pela voz de Deus, este é o mais elevado princípio de santificação pessoal. Quando sacrificamos no altar íntimo, nós revelamos nossas motivações, mas quando sacrificamos no altar público, expressamos nossos valores e princípios que adquirimos no altar íntimo.

O Altar Público

A palavra já diz, ele é público, ele é para as pessoas, é testemunhal, fala do testemunho que damos acerca de Deus. Uma vida ministerial "pública" bem sucedida nada mais é, do que o efeito espiritual do relacionamento pessoal e da vida secreta com Deus.

"Pois nada está oculto, senão para ser manifesto; e nada foi escondido, senão para ser divulgado."

Marcos 4:22

Vamos analisar um texto da Bíblia que revela um altar íntimo sendo testemunhado publicamente:

"Disse mais Davi: O Senhor que me livrou das garras do leão, e das garras do urso, me livrará da mão deste filisteu. Então disse Saul a Davi: Vai, e o Senhor seja contigo, "

1 Samuel 17:37

Antes de vencer Golias, Davi, no anonimato, venceu as garras de um leão e de um urso. Davi tinha uma vida íntima com Deus, um altar estabelecido em seu coração.

Antes de se impressionar com a presença intimidadora do gigante, Davi havia se impressionado com a grandeza de Deus.

Assim que, temos em Davi o altar solitário do campo das ovelhas precedendo o testemunho no campo de batalha, quando o herói de guerra dos filisteus, que afrontava o exército de Israel, foi publicamente derrubado. Na verdade, quem venceu Golias não foi Davi, mas o relacionamento que ele tinha com Deus, a sua vida de oração e adoração que era pura e legítima.

Quando Davi adorava a Deus nos campos solitários não havia ninguém mais ao redor para querer impressionar ou que pudesse corromper sua motivação e quando o tempo do monte chegou para Davi, ele estava bem preparado.

Como o altar público é revelado:

a) O altar público é revelado, quando o altar íntimo está estabelecido

"Quando Saul viu Davi sair e encontrar-se com o filisteu, perguntou a Abner, o chefe do exército: De quem é filho esse jovem, Abner? Respondeu Abner: Vive a tua alma, ó rei, que não sei. Disse então o rei: Pergunta, pois, de quem ele é filho. "

1 Samuel 17: 55,56

Davi era um desconhecido, um "Zé Ninguém" para os homens. Porém, apesar de não ser conhecido pelos homens era muito bem conhecido de Deus! Depois de Davi ter vencido Golias, expondo sua cabeça para a multidão, o rei impressionado com o feito tentou se informar sobre quem era aquele rapazinho que surpreendera a todos. O mais interessante é que ninguém sabia ou podia dizer quem era Davi.

Quando Golias desafiou todo o exército pedindo: *"... dai-me um homem, para que nós dois pelejemos "* (1 Sm. 17:10), Deus ouviu as palavras de Golias e deu-lhe Davi, que apesar de também ter sido desprezado pelo gigante, era a arma secreta de Deus.

O testemunho que vem de uma vida secreta com Deus, tem o poder de ampliar as nossas fronteiras. Após vencer o herói dos filisteus, a vida de Davi tomou outro rumo que o conduziu ao governo da nação.

b) O altar público é revelado, quando vencemos o deserto

"Disse Josué ao povo: Santificai-vos, porque amanhã o SENHOR fará maravilhas no meio de vós."

Josué 3:5

O povo estava no deserto havia mais de 40 anos, e Josué teve a missão de tirá-los de lá e levá-los a Canaã. Deserto é o lugar onde Deus nos leva para mudar nossos pensamentos, atitudes e hábitos, e assim expor publicamente o que aprendemos a ser. Depois do deserto, vem o vale, e o vale para Josué era o Jordão, e ele tinha que atravessar.

O que é o Jordão? O Jordão é o limite da mudança. É quando você sai do deserto e passa a conquistar e desfrutar de um território onde as promessas de Deus vão se cumprir. O Jordão é para aqueles que não só saíram do Egito, mas que também abandonaram a mentalidade de escravos. O Jordão também comunica o sentido real do arrependimento.

O altar que Josué levantou no Jordão, representa um dos principais marcos de Deus na vida de uma pessoa, e foi celebrado por dois altares: Um escondido no leito do Jordão e o outro fora do Jordão com pedras tiradas do leito do rio (Josué 4). O altar escondido fala da experiência íntima, da mudança de coração e mentalidade, que o próprio Deus testemunhou que aconteceu conosco:

"Amontoou Josué também doze pedras no meio do Jordão, no lugar em que pararam os pés dos sacerdotes que levavam a arca do pacto; e ali estão até o dia de hoje. "

Josué 4:9

Este altar é só para aqueles que pisaram o leito seco do Jordão. Depois que as águas voltaram a percorrer o leito do rio, ninguém mais podia ver aquele altar, senão Deus. O altar público, por sua vez, é o testemunho que damos do que Deus fez, de como ele realizou o milagre da mudança em nossas vidas. O altar público, é simplesmente o fruto de uma experiência pessoal e íntima com Deus:

"Tirai daqui, do meio do Jordão, do lugar em que estiveram parados os pés dos sacerdotes, doze pedras, levai-as convosco para a outra banda ... "

Toda travessia na vida, toda mudança espiritual e de mentalidade, é marcada por estes dois altares. Tudo começa com o testemunho que Deus dá acerca de nós e se completa com o testemunho que damos acerca dele publicamente.

No entanto, tenha cuidado pois a Bíblia nos adverte que não podemos basear nossa vida numa aparência sem consistência, cuidado com que você está construindo, observe se é um altar permanente ou aparente.

Construindo um Altar Aparente

Impressões superficiais que convencem a opinião pública duram pouco. Portanto, não se pode evitar a destruição daquilo que é aparente. É como a erva e a sua flor sob o impacto causticante do "Sol da Justiça":

"Pois o sol se levanta em seu ardor e faz secar a erva; a sua flor cai e a beleza do seu aspecto perece..."

Construindo um Altar Permanente

Este é o grande dilema motivacional. A receita da consistência espiritual é: um compromisso pessoal, íntimo e constante com a vontade revelada de Deus:

"... aquele que faz a vontade de Deus, permanece para sempre. "

1João 2:17

Então, os montes são um lugar onde revelamos Deus ao mundo. Deus dá a "experiência no topo do monte" a fim de sustentar seu povo quando eles descem ao vale! Sua revelação a nós no monte, sempre visa nos ajudar a caminhar com Ele mais de perto.

Para Josué, o monte foi essa jornada de levar o povo de Deus à Terra Prometida. Para Davi, era enfrentar a afronta e levar o povo de Israel ao caminho da glória, e através disso, ser reconhecido como o melhor rei de Israel. Para Jesus foi a jornada para a cruz e para nós é uma jornada da cruz para uma vida que nos levará a abundância e salvação. Vamos subir o monte!

O CICLO DE DEUS

D esde de que o mundo é mundo, Deus trabalha por ciclos, estações e fases. Deus não muda princípios, e Ele estabeleceu um padrão divino que foi representado na vida do povo judeu, e que se estabelece até os dias de hoje. Precisamos saber responder a Deus corretamente, para que o propósito Dele continue fluindo sobre nós. E estes ciclos são geralmente ciclos de sete: sete dias, sete meses, sete anos, sete vezes sete anos, sete milênios.

"Contarás sete semanas de anos, sete vezes sete anos, de maneira que os dias das sete semanas de anos te serão quarenta e nove anos. Então, no mês sétimo, aos dez do mês, farás passar a trombeta vibrante; no Dia da Expiação, fareis passar a trombeta por toda a vossa terra. Santificareis o ano quinquagésimo e proclamareis liberdade na terra a todos os seus moradores; ano de jubileu vos será, e tornareis, cada um à sua possessão, e cada um à sua família."

Levítico 25:8 -10

Podemos observar por toda a Bíblia o ciclo de sete ser citado, vou relatar aqui alguns e no decorrer deste livro vamos falar de outros. Por sete anos Jacó serviu Labão por Raquel. Faraó teve a visão de sete vacas magras que seriam sete anos de seca. Sete dias deveria se comer pães asmos. Sete são as lâmpadas para a Arca da Aliança. Sete dias dando voltas em torno das Muralhas de Jericó.

"Sete sacerdotes levarão sete trombetas de chifre de carneiro adiante da arca; no sétimo dia, rodeareis a cidade sete vezes, e os sacerdotes tocarão as trombetas".

Josué 6:4

Estes fatos revelam que Deus tem o seu próprio tempo e o seu próprio jeito de fazer as coisas, nunca é do nosso jeito e nem no nosso tempo, por isso precisamos aprender a contar o tempo e assim entender Deus e o tempo que Ele determinou, alcançando então um coração sábio.

O fato é que a cada sete anos nós temos uma mudança de ciclo, mas vamos aprofundar neste assunto mais pra frente, o que cada ano representa dentro do ciclo, e o que este tempo determinado significa para nós. Mas antes, quero mostrar que não basta apenas entender o significado dos anos dentro do ciclo do tempo, mas é preciso aprender a contar o tempo, identificar onde começou o seu ciclo, e assim responder corretamente a cada ano, se antecipando, se preparando emocionalmente a cada tempo determinado e assim viver a plenitude de Deus. Salomão entendia muito bem isso, veja o que ele fala em Eclesiastes:

"Tudo tem o seu tempo determinado, e há tempo para todo o propósito debaixo do céu. Há tempo de nascer, e tempo de morrer; tempo de plantar, e tempo de arrancar o que se plantou; tempo de matar, e tempo de curar; tempo de derrubar, e tempo de edificar; tempo de chorar, e tempo de rir; tempo de prantear, e tempo de

*dançar; tempo de espalhar pedras, e tempo de ajuntar
pedras; tempo de abraçar, e tempo de afastar-se de
abraçar; tempo de buscar, e tempo de perder; tempo
de guardar, e tempo de lançar fora; tempo de rasgar,
e tempo de coser; tempo de estar calado, e tempo
de falar; tempo de amar, e tempo de odiar; tempo de
guerra, e tempo de paz."*

Eclesiastes 3:1-8

Neste texto temos quatorze tempos bons e quatorze tempos ruins, vinte e oito no total. Isso quer dizer que passaremos por momentos bons e momentos difíceis nesta vida e que esses momentos podem ser contados. O texto não diz quando passaríamos por isso, mas nos diz que será inevitável! O quando, já foi determinado por Deus nos anos. Quatorze é equivalente a dois ciclos de 7, portanto, se existe número, existe contagem.

Aprendendo a dirigir

Entender o ciclo de Deus dentro do tempo e aprender a contá-lo é como dirigir um carro. Não tem como dirigir um carro sem antes entender como funciona a dinâmica de um motorista. Não é apenas entrar no carro, ligar e sair dirigindo. Só faz isso quem aprendeu a dirigir, e mesmo assim tem muita gente que dirige mal. Mas é preciso entender como fazer para o carro funcionar.

Primeira coisa é saber se o carro é automático ou manual, em um veículo de câmbio manual, é necessário pisar no pedal da embreagem com o pé esquerdo e acionar a alavanca com a mão direita para trocar de marcha. Já o veículo com câmbio automático, possui um sistema que faz a mudança sozinho, sem pedal de embreagem e sem precisar mexer o tempo todo na marcha, é bem mais simples de dirigir.

Mas além de saber isso, é preciso colocar o banco na posição ideal. O retrovisor interno deve permitir que você veja por toda a janela traseira do veículo. Os laterais devem exibir uma boa parte da pista. Se você estiver vendo a lateral do carro, ajuste um pouco mais para o lado, de modo que ela desapareça. Assim, você diminui o ponto cego.

Também é importante lembrar de colocar o cinto de segurança, nem precisa dizer que o cinto é um item, além de obrigatório por lei, indispensável para a segurança. Assim, nessas poucas linhas você pode perceber que antes de ligar o carro e sair andando é preciso entender a dinâmica e assim também é o entendimento por trás do tempo.

"Até a cegonha no céu conhece os seus tempos determinados; e a rola, a andorinha, e o grou observam o tempo da sua arribação; mas o meu povo não conhece a ordenança do Senhor."

Jeremias 8:7

O tempo é um mestre que, inevitavelmente, favorece todos os seus estudiosos. Ele pode ser nosso melhor amigo se o entendermos e tivermos sabedoria para trabalhar nele ou pode ser o nosso maior problema e se tornar nosso maior inimigo se não soubermos lidar com seu avanço. Podemos contá-lo, mas cada um de nós tem um relógio particular.

O Relógio Particular

Uma das coisas que eu gosto muito é de relógios, eu sou apaixonado pelo design, gosto da máquina, aprecio as marcas, tenho interesse pela história e também pela beleza que o mesmo proporciona no pulso, e sem falar que o relógio é uma joia masculina e muito funcional.

Não posso deixar de externar que, se você tem um relógio e com o passar do tempo, notando que ele já está "um pouco velho" o deixa de lado sem dar valor, é sinal que você não gosta de relógios, e sim de apenas um enfeite em seu pulso. Porém, há aqueles que ao passar do tempo tem maior admiração por seus relógios, cuidando bem deles, esse é o verdadeiro aficionado por essas máquinas de marcar o tempo.

Assim também é com o tempo em nossa vida, cada um de nós tem um relógio particular, um tempo a ser medido e contado e nesse sentido há os que apenas aproveitam o momento do tempo sem se preocupar com o futuro, não tendo nenhum cuidado com suas decisões, e nem se preocupando com o dia de amanhã, são relapsos e inconsequentes. Pessoas para os quais o tempo é apenas um enfeite.

Ao contrário, existem aqueles que valorizam o tempo e estão constantemente cuidando e atentos a ele, se importam com cada momento, cada fase, cada estação, cada ciclo. Sabem que esse relógio em particular é caro e precisa ser cuidado e valorizado. Pessoas assim estão preparadas para o futuro, estão preparadas para vencer qualquer coisa que o tempo lançar sobre elas.

Preparação é uma palavra que envolve tempo

Há muitas formas e ações ligadas a preparação para o seu futuro e você deve qualificar-se para um propósito ou um fim particular. Um aluno se prepara por quatro ou cinco anos, para obter um currículo de estudo que resulte em um certificado ou diploma.

Para se ter uma colheita futura é necessário plantar as sementes e preparar o solo arando a terra. Para fazer uma roupa bonita, você precisa separar o tecido apropriado e criar a roupa para usar nos dias futuros. Se você vai oferecer um jantar elegante para um grupo de pessoas, precisará igualmente escolher bem o cardápio, preparar a refeição com capricho e arrumar a mesa de forma apropriada.

Ao instruirmos aqueles que estão ao nosso redor seguindo as nossas pegadas e caminhos. Nós os preparamos ensinando-lhes certos métodos e táticas, pois para se ter êxito em uma preparação, é preciso respeitar o processo!

Processo é uma palavra maravilhosa para se entender, pois sua vida é um processo! O processo pode envolver experimentação. O processo está ligado a passagem. É isso que faz do processo uma palavra relacionada ao "tempo". Pois, envolve um curso ou tendência progressiva para realizar um desejo que está dentro de você, de alguém que você considera, ou mesmo oriundo de um toque de Deus em sua vida.

O desenvolvimento gradual do curso da ação e a sequência das operações necessárias para realizar um projeto integral fazem parte do que chamamos de processo. Inclui uma série de modificações das quais resulta o crescimento ou a involução.

Eu gosto muita da ideia que Chuck Pierce tem sobre o tempo, a forma como relata sobre a mente dos hebreus, e de como eles não consideravam a passagem do tempo como um meio por si só, conforme a mente grega apregoava. Nossa civilização ocidental vê o tempo como os gregos, de acordo com o calendário gregoriano. Mas os hebreus identificavam a passagem do tempo em termos de ciclo de vida.

Os hebreus viam o homem como participante de duas dimensões do tempo. Uma é o que chamamos de temporal, somos colocados na natureza e interagimos com as leis da ciência ao nosso redor. A outra dimensão de tempo é uma época que está por vir, um ciclo que irá começar e para o qual eles deveriam estar preparados.

A quarta dimensão

Para a ciência moderna o tempo é a quarta dimensão. De mesma maneira que a largura, a altura e a profundidade são utilizadas para estabelecer a posição de um objeto no espaço, o tempo é necessário para estabelecer sua posição no espaço no sentido temporal. Isso quer dizer "precisão" em seu sentido absoluto.

Os estudiosos de física já descobriram partículas capazes de transitarem entre passado e futuro recente, que os dias na terra estão mais curtos. Na verdade, os físicos modernos encaram o tempo como algo fluido e ininterrupto. Por isso é verdadeira a afirmação de que o tempo não para. Ele é como um rio, que em um momento a maré está baixa e muito distante de você, mas bastam poucos minutos para que chegue a metros à sua frente.

Estudando sobre esse assunto achei interessante o que Jim Self escreveu sobre o tempo e quais os elementos que compõe a quarta dimensão em sua ação:

Elementos da Quarta Dimensão

a) Tempo-Presente Eterno

Na quarta dimensão, o passado é apenas história sem carga emocional e o futuro é uma oportunidade à espera de ser escolhida para acontecer no momento presente. O ontem não tem peso no amanhã. O presente eterno é tudo o que existe.

Podemos projetar e planejar eventos para o futuro usando informação recolhida no passado, mas as decisões são escolhas conscientes que são feitas no momento presente. O que pensamos é o que será experimentado no momento. Não existe tempo de espera na quarta dimensão. O que pensamos é o que se manifesta, razão pela qual devemos estar atentos aos nossos pensamentos.

*"Visto que os meus pensamentos me impõem resposta,
eu me apresso".*

Jó 20:2

b) Escolha

Na quarta dimensão, "escolha" substitui "reação". Reação é uma resposta emocional, enquanto que a escolha permite flexibilidade. Flexibilidade cria oportunidades mais expandidas e uma maior capacidade de conjugar possibilidades para produzir resultados variados. Na quarta dimensão conquistamos de volta o nosso poder de escolha.

"Se atentamente ouvires a voz do SENHOR, teu Deus, tendo cuidado de guardar todos os seus mandamentos que hoje te ordeno, o SENHOR, teu Deus, te exaltará sobre todas as nações da terra. Se ouvires a voz do SENHOR, teu Deus, virão sobre ti e te alcançarão todas estas bênçãos;"

Deuteronômio 28:1-2

c) Paradoxo

Na quarta dimensão, o passado e o futuro tornam--se pontos de referência ou informação, mas não trazem emoções agarradas. O que era verdade há pouco não é necessariamente verdade agora e o que era falso pode já não ser falso. Isto cria maiores possibilidades de experiências, liberta julgamentos e aumenta o nosso índice permissivo.

"Ora, a fé é a certeza de coisas que se esperam, a convicção de fatos que se não veem".

Hebreus 11:1

"Ora, se Deus veste assim a erva do campo, que hoje existe e amanhã é lançada no forno, quanto mais a vós outros, homens de pequena fé?"

Mateus 6:30

d) Alinhamento/Equilíbrio

Na quarta dimensão estamos continuamente caminhando em direção ao equilíbrio e ao realinhamento. É uma estrutura muito aberta, divertida que permite todas as possibilidades. Bem-estar, o sorriso interior, valorização e amor são opções. Enquanto que o medo é a escolha que nos coloca de volta ao estado reativo e limitativo. A nossa maturidade espiritual inclui o movimento para um modo de vida mais elevado e leve. Esta é uma vida de comunidade, cooperação e co-criação.

"Finalmente, irmãos, tudo o que é verdadeiro, tudo o que é respeitável, tudo o que é justo, tudo o que é puro, tudo o que é amável, tudo o que é de boa fama, se alguma virtude há e se algum louvor existe, seja isso o que ocupe o vosso pensamento. O que também aprendestes, e recebestes, e ouvistes, e vistes em mim, isso praticai; e o Deus da paz será convosco."

Filipenses 4:8-9

Não Temas

Há oitenta e oito citações em toda a bíblia destas duas palavras; "Não temas!" O medo é um sentimento poderoso, desagradável, associado ao desconhecido ou perigo. Essa emoção pode ser real ou imaginária. A emoção do medo é uma resposta defensiva ao estímulo que entrou na atmosfera ao nosso redor. Serve como motivação para se escapar para um lugar de segurança, mas isso se torna muito perigoso.

O medo é um sentimento de agitação e ansiedade causado pela presença do perigo. Existem dois tipos de medo: o racional, quando é pautado em algo possível, e o irracional, quando não faz sentido, e mesmo assim se faz presente.

Medo paralisante

O medo pode tornar-se uma forma de vida se você antecipar ansiosamente toda a espécie de perigos que podem dominá-lo. O medo que está integrado as suas faculdades de raciocínio pode produzir grande confusão na sua vida. Quando não se sabe contar o tempo, o medo se faz presente em quase todo momento difícil.

"Aquilo que temo me sobrevém, e o que receio me acontece. Não tenho descanso, nem sossego, nem repouso, e já me vem grande perturbação".

Jó 3:25-26

Imagine você vivendo os quatorze tempos ruins de uma vez, e não conseguindo identificar em que ciclo está, não sabendo quando isso pode terminar? É simplesmente desesperador! O sentimento é de desolação, e a sua fé acaba completamente vencida e arruinada.

Medo biológico

O medo é totalmente biológico. Ele ativa áreas do cérebro ligados a ponte, o bulbo, o tálamo, a massa cin-

zenta do córtex, entre outras regiões. Uma vez estimulado, o sistema nervoso, ativa a liberação de hormônios, como a adrenalina, que pode aumentar a frequência cardíaca e respiratória.

O medo estimula também a liberação do hormônio cortisol, que também é liberado no estresse, e pode causar o famoso "branco". Essa situação de ameaça acaba sobrecarregando o cérebro, principalmente na parte do córtex frontal, onde armazenamos a nossa memória recente.

Para completar a nossa definição, é importante destacar que o medo é um reflexo emocional que serve para nos adaptarmos ao meio. Ou seja, se encarado como algo positivo e enfrentado numa boa, ele pode te ajudar a se preparar mais adequadamente para uma situação.

Enfrentando o medo

O medo, apesar de presente não deve nos parar, precisamos antes enfrentá-lo como fizeram todos aqueles que foram exitosos no que empreenderam. Por isso, se Deus te deu uma palavra, ou colocou algo em seu coração, se mova, mesmo com medo, pois esse é o segredo daqueles que alcançam bons resultados em suas vidas.

Noé enfrentou o medo da crítica e zombaria e construiu uma arca, mesmo não sendo um marceneiro, estando a milhares de quilômetros de distância do mar, onde também não chovia. Ele o fez unicamente confiando no Deus que lhe falara. Abraão enfrentou o medo do desconhecido quando Deus o mandou sair da sua casa e do meio da sua parentela e ir a um lugar que Ele determinou. Assim como José, que enfrentou o medo da rejeição quando foi vendido por seus irmãos, quando foi acusado de abuso sexual e colocado numa prisão.

Igualmente, Moisés enfrentou o medo da inferioridade quando Deus o mandou a faraó para libertar o povo de Deus da escravidão. Davi, o fez na guerra quando entrou na batalha com o gigante. Todos esses grandes homens tiveram uma motivação, um impulso que os levaram a avançar em meio ao medo e as incertezas. E o que falar de Gideão, Jacó, Jeremias, Ezequias, Daniel, Pedro, Paulo, e tantos outros que venceram o medo e atravessaram para um novo nível? O nível da plenitude. Eles se moveram para frente e alcançaram um testemunho e resultado poderoso, registrado para sempre na história.

Prosseguindo

Prosseguir significa mover-se, ir para a frente, de um lugar para outro. Na língua hebraica, prosseguir é a palavra "yatsa" que significa "seguir em frente, sair, andar avante, fazer acontecer, surgir". Esse verbo é usado mais de mil vezes na Bíblia. Basicamente, o significado dessa palavra se relaciona a um movimento para se "distanciar de algum ponto", à medida que se aproxima de outro ponto.

"Naquele dia, sendo já tarde, disse-lhes Jesus: Passemos para a outra margem. E eles, despedindo a multidão, o levaram assim como estava, no barco; e outros barcos o seguiam."

Marcos 4:35-36

Eu gosto muito desta direção de Jesus aos seus discípulos: *"Passemos para a outra margem"*. Deus sempre quer nos levar para outra margem, para o outro lado. Coisas novas sempre acontecem com aqueles que aceitam o desafio de ir adiante. Em Mateus 14, Ele sai para encontrá-los afim de ajudá-los a superar o medo, pois os ventos, ondas e tempestades os encontraram no meio do caminho.

Sempre vamos nos deparar com resistências no meio do caminho. Tempestades violentas no decorrer do processo são um elemento chave para a nossa fé. Jesus disse: *"Por que vocês estão com tanto medo, homens de pequena fé?"* (Mateus 8.26). Isso não quer dizer que Seus discípulos não tivessem fé, mas que a fé deles era pequena demais para levá-los até ao outro lado, ao local seguinte que Cristo tinha determinado para eles. Aprenda a prosseguir até chegar ao lugar do seu destino.

Abraão é chamado de "o hebreu", em Gênesis 14:13. A palavra hebreu significa "alguém que atravessa". Deus sempre abençoa e faz aliança com homens que sempre prosseguem ou atravessavam, não é sobre o que estão passando e sim, como respondem ao que estão passando. Pessoas sem medo atravessam tempestades e dificuldades.

Todos nós, fomos enxertados naquela aliança, somos pessoas feitas para atravessar, prosseguir e chegar do outro lado e não ficar parado no meio do caminho. Na história de Abraão vemos que o Senhor tinha um lugar prometido a ele: Canaã. No entanto, no meio do seu trajeto havia a cidade de Harã, exatamente entre Ur dos Caldeus e Canaã (de onde saiu) e a Terra Prometida (onde chegaria). Desse modo, estou certo de que se Abraão tivesse parado, nunca teríamos visto o Senhor fazer aliança com ele a fim de desenvolver um povo e dar-lhe a terra das primícias, ao redor da qual todas as nações girariam.

Talvez no ponto correspondente a metade do caminho, você deve aguardar a próxima instrução antes de prosseguir. Entender o ciclo de Deus dentro do tempo tem dessas coisas. Para cada ano você terá uma direção. De qualquer forma, decida-se a não ficar apenas na metade do caminho. À medida que você prosseguir, o processo em que você está o levará de um estado para o outro. Lendo este livro, você está em um processo.

CAPÍTULO 8

ESTABELECENDO MARCOS

Como eu sei que estou começando um ciclo de Deus?

Para aprendermos a entender os ciclos de Deus dentro do tempo e a contar os nossos dias, precisamos compreender um princípio muito importante que Deus estabeleceu na vida do povo judeu, no Antigo Testamento. De acordo com a Bíblia, Deus não mudou os princípios por Ele estabelecidos, continuam valendo para nós hoje.

"Põe-te marcos, finca postes que te guiem, presta atenção na vereda, no caminho por onde passaste; regressa, ó virgem de Israel, regressa às tuas cidades".

Jeremias 31:21

"Marcos" no dicionário significa toda ação ou acontecimento que caracteriza um período, geralmente simbolizando um evento importante. Ponto que se utiliza como referência, modelo, exemplo.

De forma simplificada os marcos são eventos importantes que marcam um momento em sua vida. Precisamos estabelecê-los para saber contar o tempo, e descobrir em que ciclo estamos, e assim responder corretamente a ele, pois cada ano num ciclo de 7, tem as suas particularidades que devem ser obedecidas.

O que pode ser um marco em sua vida

Marco é tudo aquilo que produz uma mudança em seu estilo de vida. O casamento é um marco, o nascimento de um filho, a abertura de uma empresa, a formação acadêmica, a saída da casa dos pais, a conversão ao Senhor, o batismo nas águas, a cura de uma enfermidade, enfim, se mudou o seu estilo de viver, obteve uma mudança significativa, então pode ser um marco.

Os marcos são como uma fenda que se abre, fruto de uma mudança significativa, e por mudança podemos entender uma troca de lugar, posição ou direção. Uma mudança é uma substituição de uma coisa por outra. Para se ter um carro novo, você precisa abrir mão do velho. Uma mudança é uma troca de mecanismos para acelerar. E assim com tudo em nossa vida.

A conhecida Lei de Newton nos ensina que dois corpos não podem ocupar o mesmo espaço ao mesmo tempo. É a lei que explica os engarrafamentos de trânsito. E a lei da impenetrabilidade da matéria pode ser usada para descrever as mudanças que ocorrem em nossas vidas. O velho dando espaço para o novo.

Em 2 de julho de 1999 foi o dia do meu casamento, e também o dia de uma mudança significativa em minha vida. Foi a decisão mais acertada que tomei. No começo do meu casamento, tudo era novo, os primeiros dias, meses e anos foram empolgantes e alegres, mas também nos trouxeram muitos desafios e crises a serem superadas. Eu tive que adaptar a minha vida para duas pessoas, agora era o nós, e não o eu.

Uma das melhores maneiras de manter a visão do "nós" no casamento é dar um passo atrás e lembrar que agora você tem uma família e que esta oolhando para você, que o tem como líder. Se você mantiver firme o seu amor, o doce lado positivo da maturidade será revelado. Para minha vida, o meu casamento foi um marco, o início de um novo ciclo e pude experimentar literalmente os frutos através de cada ano no ciclo completo dos 7 anos.

Toda mudança se torna um marco e traz consigo o começo de um novo ciclo, isso vai começar a fazer sentido quando você compreender o que cada ano significa dentro do ciclo.

Estabelecendo marcos

Estabelecer marcos é uma das coisas mais importantes no gerenciamento do ciclo de Deus dentro do tempo. Marcos ajudam a identificar o início de um ciclo, acompanhar o seu desenvolvimento em etapas e sequenciar as atividades prioritárias para cada ano.

Nós temos um projeto de vida que se completa a cada 7 anos, e assim sucessivamente, os marcos nos ajudam a não nos perdemos neste projeto. O objetivo é que venhamos a concluí-lo com louvor. Entretanto, problemas nessa área são comuns, pois administrar o tempo é sempre um desafio.

A definição de marcos, e a projeção de um ciclo baseado nele, nos ajuda a evitar toda confusão que possa ter quando se refere a contar os nossos dias. Isso pode ser uma estratégia muito útil, visto que ajuda a organizar as fases pelas quais a sua vida irá passar ao longo do fechamento de ciclo de 7 anos.

Cada ano dentro do ciclo, tem o seu desafio especifico e conforme veremos mais na frente na leitura deste livro, o não cumprimento deste desafio, acarreta sobre nossas vidas um atraso em relação aos resultados desejáveis.

Depois que o marco está estabelecido, é preciso se organizar nas etapas que serão vividas. Vamos fazer uma projeção em cima de um marco, e vamos usar como base e exemplo os construtores da torre de babel, e tirar algumas conclusões que nos ajudarão a concluir o ciclo com êxito:

a) Definição do marco: construção da torre (objetivo)

Quando eu estabeleço um marco, fica mais fácil gerenciar o andamento das atividades com o objetivo de cumprir o que é proposto pelo projeto.

"Disseram: Vinde, edifiquemos para nós uma cidade e uma torre cujo tope chegue até aos céus e tornemos célebre o nosso nome, para que não sejamos espalhados por toda a terra".

Gênesis 11:4

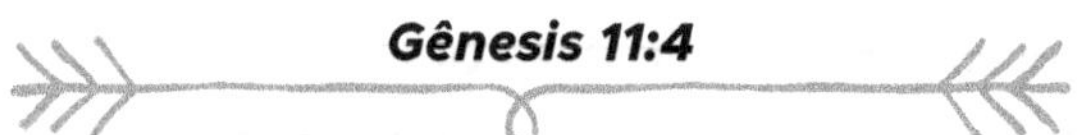

b) Definição do cumprimento das etapas (fases ou anos) e priorização de atividades

O foco é finalizar cada fase com resultados positivos, além disso, o ponto de partida de um marco, nos proporciona uma visão mais abrangente para saber quão avançados nós estamos com base nas fases que já vivenciamos.

"E disseram uns aos outros: Vinde, façamos tijolos e queimemo-los bem. Os tijolos serviram-lhes de pedra, e o betume, de argamassa".

Gênesis 11:3

Uma visão só se realizara através do cumprimento das etapas. As etapas são as fases que nos levam ao cumprimento do propósito, e a cada etapa conquistada o impulsionará a realizar coisas maiores, observe cada uma delas:

Etapa 1 – fazer tijolos : ... *Vinde, façamos tijolos...*

Etapa 2 – queimar tijolos : ... *queimemo-los bem...*

Etapa 3 – arrumar betume: ... *e o betume, de argamassa...*

Etapa 4 – construção da cidade: ... *edifiquemos para nós uma cidade...*

Ao estabelecer um marco, é possível observar melhor a relação de dependência entre as diversas atividades e, assim, priorizá-las de acordo com a demanda proposta. Sendo assim, as atividades priorizadas devem ser aquelas relacionadas a essa fase.

c) Focar na motivação da equipe (família)

Quando o cronograma está dividido em etapas, a equipe pode focar na conclusão de cada uma dessas etapas do projeto (micro = ano a ano), ao invés de focar em sua conclusão total (macro=7 anos). Isso ajuda a manter a equipe motivada ao longo de todo o ciclo de vida do projeto.

"Disseram: Vinde, edifiquemos para nós uma cidade e uma torre cujo tope chegue até aos céus e tornemos célebre o nosso nome, para que não sejamos espalhados por toda a terra."

Gênesis 11:4

A visão deve revelar onde você deseja chegar. Neste exemplo, aqueles homens queriam:

- **Ficar famosos:** *...tornemos célebre o nosso nome*

- **Agregação populacional:** *... para que não sejamos espalhados por toda a terra.*

Sem uma visão clara do que você deseja, você não conseguirá agregar pessoas ao processo. Quem tem a visão sabe por onde quer caminhar e precisa transmiti-la a outros.

Por exemplo: se eu sei que o ano que estou vivendo de acordo com o ciclo de Deus, pelo meu marco estabelecido, é um ano de muito trabalho e pouco resultado, então eu posso comunicar para a minha família ou equipe, que este ano, nós vamos ter que apertar o cinto e partir para a luta e que será um ano não muito produtivo, mas que vai passar, pois o nosso objetivo é muito maior e gratificante do que isso que teremos que viver.

Você não pode perder o foco dos próximos anos que virão. Dê o seu melhor no micro (na fase ou ano) sem perder os olhos do macro (ciclo completo), pois a sua resposta em cada fase ou ano, gera um efeito dominó para as próximas fases ou anos. Isso ajuda a manter a família ou equipe motivada ao longo de todo o ano neste ciclo de tempo. Albert Eisntein, o famoso físico, tinha uma opinião sobre o assunto, veja duas frases dele que separei:

Temos o destino que merecemos. O nosso destino está de acordo com os nossos méritos.

Não tentes ser bem-sucedido, tenta antes ser um homem de valor.

Posso complementá-lo dizendo que pessoas de valor começam e terminam bem, vão até o fim dando sempre o seu melhor, pois a sabedoria está em permanecer e concluir ciclos, começar e ir até o fim e não em parar no meio do caminho e desistir. Seja uma pessoa de valor, pois estas properam e vencem nesta vida, pois tem isso como chave, começar e terminar. Estabeleça marcos e não tire os olhos do objetivo.

CAPÍTULO 9

COMO CONTAMOS O TEMPO

A contagem do tempo se faz de diversas formas e com o uso de inúmeras tecnologias. Para saber as horas, por exemplo, recorremos ao celular, tablet, computador e, claro, ao relógio que funciona à base de microchip, bateria ou corda. Na antiguidade, o homem media o tempo sem muitos artefatos, apenas de acordo com a própria sombra.

A necessidade de contar o tempo surgiu ainda na pré-história para o atendimento às questões mais básicas de sobrevivência e, pode-se dizer, tal necessidade continua atualmente.

Assim, também precisamos entender que os anos precisam ser contados e não apenas vividos. Encontramos isso em várias passagens nos textos bíblicos, vemos autores relatando sobre os anos estabelecidos por ciclos que eram vividos pelo povo de Israel. Sabemos que o conhecimento desta verdade nos leva a entender que Deus estabeleceu isso como um padrão, se se torna real em nossas vidas também.

Cada ano dentro de um ciclo de sete anos, de acordo com os textos bíblicos, tem o seu significado e definições, a verdade é que Deus sempre trabalhou assim com a humanidade, nos é que não conseguimos enxergar ou entender. Por exemplo na criação em Gênesis, Deus criou tudo em sete dias e descansou, trazendo um padrão de como Ele faz:

*"E, havendo Deus terminado no **dia sétimo** a sua obra, que fizera, descansou nesse dia de toda a sua obra que tinha feito.*

Gênesis 2:2

Sete dias

Desde então podemos ver os relatos de várias ocasiões na Bíblia que o número sete representa um fechamento de ciclo, trazendo a nós um entendimento único do agir de Deus dentro de um tempo determinado. Vejamos o exemplo com Noé no dilúvio:

*"Porque, daqui a **sete dias**, farei chover sobre a terra durante quarenta dias e quarenta noites; e da superfície da terra exterminarei todos os seres que fiz."*

Gênesis 7:4

*"E aconteceu que, depois de **sete dias**, vieram sobre a terra as águas do dilúvio".*

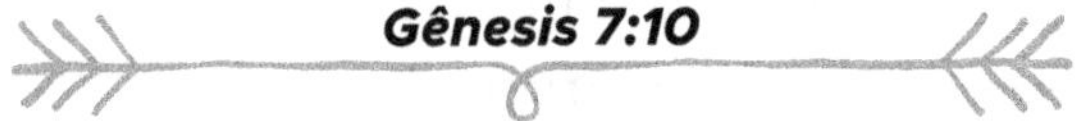

Gênesis 7:10

*"Esperou ainda outros **sete dias** e de novo soltou a pomba fora da arca. À tarde, ela voltou a ele; trazia no bico uma folha nova de oliveira; assim entendeu Noé que as águas tinham minguado de sobre a terra. Então, esperou ainda mais **sete dias** e soltou a pomba; ela, porém, já não tornou a ele."*

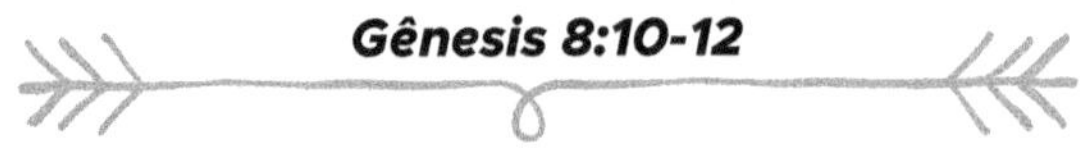

Gênesis 8:10-12

Este processo de completude do número sete representa uma obra concluída, um feito pronto. Como vimos em sete dias de chuva, se fechou um ciclo e veio o dilúvio, depois de quarenta dias completos (falaremos disso mais a frente), Noé esperou outros sete dias e soltou a pomba.

Então, podemos nos perguntar: Porque sete dias? Porque não 1, ou 3, ou 5 dias? Porque o número sete na bíblia representa a perfeição, representa um ciclo pronto, completo.

Sete anos

Podemos ver também outro exemplo na história de Jacó. Jacó era filho de Isaque, neto de Abraão. Ele nasceu como fruto de um milagre, pois sua mãe era estéril. Já crescido Isaque orou insistentemente ao Senhor por sua mulher, porquanto era estéril e o Senhor ouviu as suas orações, e Rebeca sua mulher concebeu (Vide Gênesis 25:2).

Rebeca concebeu dois meninos gêmeos e a Bíblia diz que eles brigavam entre si no ventre. O primeiro a nascer foi Esaú, em seguida nasceu Jacó segurando seu irmão pelo calcanhar, por isso foi chamado Jacó, que significa "o que segura pelo calcanhar".

Os dois irmãos cresceram e Esaú se transformou em um homem muito habilidoso com a caça. Isaque amava mais a Esaú porque gostava da caça, mas Raquel amava a Jacó. Certo dia, Jacó cozinhou uma carne e Esaú, cansado pelo trabalho do campo, pediu um pouco daquilo que o irmão havia preparado.

Jacó aceitou dar-lhe da comida, desde que fosse trocado pelo direito de primogenitura, e Esaú aceitou. Então naquele dia os dois fizeram juramento, e Esaú vendeu sua primogenitura em troca da comida.

Isaque já estava velho e chamou Esaú pedindo-lhe: prepare uma caça para mim, um ensopado de carne como eu gosto, depois venha até aqui para que eu o abençoe antes que morra. Mas Rebeca escutou Isaque falando com Esaú e procurou por Jacó para contar o que havia escutado. Então Jacó se adiantou e preparou para seu pai o que ele tinha pedido a Esaú. Jacó se disfarçou de Esaú, e foi até seu pai e o mesmo o abençoou com a benção de Abraão (Vide Gênesis 27:27-29).

Depois disso Jacó se retirou e, em seguida, seu irmão Esaú se aproximou com a caça, mas seu Pai já tinha liberado a benção para Jacó, por isso, Esaú odiou Jacó pelo que este lhe fizera e prometeu para si mesmo: "quando meu pai morrer, matarei meu irmão". Então Jacó fugiu para as terras de Padã-Arã, terra de seu tio Labão, irmão de sua mãe Rebeca.

Chegando a Harã, Jacó conheceu Raquel, filha de seu tio Labão. Jacó desejou casar-se com Raquel e fez um acordo com Labão para que a pudesse tomar por esposa.

"Jacó amava a Raquel e disse: **Sete anos** *te servirei por tua filha mais moça, Raquel."*

Gênesis 29:18

Depois de um ciclo completo de sete anos, Labão cumpriu o acordo, mas não foi como combinaram, Labão enganou Jacó dando a ele sua filha mais velha, Lia. Jacó sabia o que era enganar, ele havia enganado seu pai Isaque, e assim recebeu na mesma moeda de seu tio. Jacó então fez outro acordo com Labão para que, finalmente, pudesse se casar com Raquel, a mulher que amava. Nesse novo acordo ele trabalharia mais sete anos para Labão.

"Decorrida a semana desta, dar-te-emos também a outra, pelo trabalho de mais **sete anos** que ainda me servirás. Concordou Jacó, e se passou a semana desta; então, Labão lhe deu por mulher Raquel, sua filha. (Para serva de Raquel, sua filha, deu Labão a sua serva Bila.) E coabitaram. Mas Jacó amava mais a Raquel do que a Lia; e continuou servindo a Labão por outros **sete anos**. Genesis 29:27-30

Dois ciclos completos de sete anos, esse foi o preço que Jacó pagou! Eu tenho comigo que os primeiros sete anos foi o preço que pagou por enganar a seu pai Isaque. Ele precisou passar um ciclo completo de sete anos pelo pecado da mentira e usurpação. Podemos chamar isso de "O ciclo da derrota".

"Não vos enganeis: de Deus não se zomba; pois aquilo que o homem semear, isso também ceifará."

Gálatas 6:7.

O Ciclo da Derrota

O que é um ciclo? Eu gosto da definição que Robert Heidler usa em seu livro: É tempo de prosperar, ele diz que: "Um ciclo é algo que gira e se move em direção a um destino, e o seu movimento varia entre causar destruição ou trazer bênçãos". O objetivo de entendermos os ciclos de Deus é para alcançarmos o destino que Ele estabeleceu para nós.

Um exemplo clássico de um ciclo de derrota e de destruição está no livro de Juízes, no qual podemos observar o povo de Deus preso a um ciclo de pecados. Há um espiral ascendente quando o ciclo é de vitória, mas há também uma espiral descendente quando o ciclo é negativo. Este ciclo de derrotas do povo de Deus descrito em Juízes, mostra o que acontece quando não perseveramos na corrida da fé.

O livro de Juízes apresenta ciclos de fracasso e apostasia. Descreve três guerras civis, sete opressões de inimigos, sete guerras de libertação. O tempo é a favor de alguns e contra outros, a depender em que momento nos encontramos nos ciclos de Deus dentro do tempo. Há ciclos de construção e de destruição. Juízes representa como acontece o ciclo de derrota espiritual, pois se repetiu sete vezes, é material farto para se observar estes ciclos.

O gatilho do ciclo de derrotas

Já vimos que o ciclo de derrota espiritual tem como objetivo mudar os tempos, levando-nos ao afastamento, desobediência ou rebelião a Deus. Mas o que aciona o gatilho para um ciclo de derrotas e destruição? Quando analisamos os textos no livro de Juízes temos algumas respostas:

- **Quebra de aliança**

- **Idolatria**

- **Derramamento de sangue**

- **Imoralidade sexual**

- **Desobediência**

- **Roubar de Deus**

Traduzindo para os dias de hoje, podemos dizer que é quando a pessoa perde a sua comunhão com Deus e com a igreja, começa a falar mal de tudo e todos, questiona a Bíblia, se rebela contra a autoridade espiritual e volta às velhas práticas antes de conhecer a Deus e a verdade que o libertou. Não espere que pessoas que se comportam assim, encontrem lugar de bênçãos em suas vidas, eles viverão um espiral descendente de derrotas e dores.

"Deixaram o SENHOR, Deus de seus pais, que os tirara da terra do Egito, e foram-se após outros deuses, dentre os deuses das gentes que havia ao redor deles, e os adoraram, e provocaram o SENHOR à ira...Pelo que a ira do SENHOR se acendeu contra Israel e os deu na mão dos espoliadores, que os pilharam; e os entregou na mão dos seus inimigos ao redor; e não mais puderam resistir a eles. Por onde quer que saíam, a mão do SENHOR era contra eles para seu mal, como o SENHOR lhes dissera e jurara; e estavam em grande aperto."

Juízes 2:12 e 14-15

Quando a pessoa se encontra assim, rebelde, resistente as leis de Deus, se afasta de todos e da comunhão com o Senhor. Então Deus permite que os inimigos venham e se levantem, em todas as áreas de sua vida, causando prejuízos, dor e perdas. Se você se sente assim, afastado de Deus, desviado da fé, desobediente a Ele, reconcilie-se agora para deter todo o ciclo de destruição o mais rápido possível.

Jamais espere que o tempo melhore as coisas, pois a tendência do tempo é piorar, o tempo só vai sinalizar a falha, levando a pessoa a reconhecer onde errou para que assim, volte a sua comunhão de paz com Deus. Foi assim com o povo em juízes e pode ser assim também com todos que o clamarem.

"Clamaram ao SENHOR os filhos de Israel, e o SENHOR lhes suscitou libertador, que os libertou".

Juízes 3:9a

Clamaram ao Senhor e o Senhor os libertou. Deus levantou líderes para libertá-los. Hoje não é muito diferente, Deus levanta líderes para nos auxiliar na caminhada desta vida, para nos conduzir num discipulado para a vitória e para nos ensinar a trilha do ciclo da abundância.

Esquecer-se de Deus

No entanto, tristemente com o passar do tempo, depois que a opressão era quebrada, o povo se esquecia de Deus e do que Ele fez, e se rebelava novamente. E o ciclo de destruição acontecia de novo. Isto se repetiu 7 vezes, durante os 349 anos que durou a liderança dos juízes em Israel.

Na vida das pessoas, vemos este ciclo acontecer inúmeras vezes. A pessoa aceita Jesus com o seu Senhor e Salvador, vai ao Conexão com Deus (retiro espiritual), começa a frequentar os cultos regularmente, participa de uma célula, frequenta um discipulado, começa a ser dizimista e ofertante, a sua vida entra num ciclo de conquistas e vitórias, vence a depressão, os vícios, a ira, vence as coisas que produziam dor e destruição.

Porém, por algum motivo, começa a se afastar de Deus, e daquilo que produzia paz e alegria, começa a desacreditar no que mudou completamente a sua vida e entra num ciclo de derrota novamente. Então, a dor volta, e resolve se aproximar de Deus novamente e pede perdão, aí começa a entrar em um novo ciclo de bênçãos novamente.

E isso se repete.... se torna uma constante em sua vida. Se permanecer, permanece o ciclo de bênçãos, mas se a pessoa se afastar, volta o ciclo de derrotas. Assim foi com o povo de Deus no livro de Juízes, eles ativaram o ciclo de derrota sete vezes.

O grande problema é que quando ativamos esse tipo de comportamento em nossas vidas jamais saímos do lugar, e o pior, não sofremos sozinhos, mas aqueles que amamos e por quem somos amados são duramente afetados. A isso chamamos externalidade.

Externalidade

Externalidade são os efeitos colaterais das escolhas e ações de uma pessoa sobre a vida de outras pessoas que não estão envolvidas diretamente com as suas escolhas. A externalidade é refletida de duas formas: a Positiva e a Negativa.

Um exemplo de externalidade negativa é quando uma pessoa no seu ambiente de trabalho acende um cigarro em um local fechado, proporcionando um desconforto às demais pessoas, que durante um período longo passam a ser fumantes passivos.

Um exemplo de externalidade positiva é a de um pai de família, com 4 filhos e esposa doente em casa, mas muito dedicado e competente no seu trabalho que por sempre dar um bom resultado recebe um aumento salarial expressivo, proporcionando a toda família mais conforto e alegria.

Devemos ficar bem atentos a isso, pois nossas decisões e escolhas, além de afetar diretamente a nós, afetam também a todos os envolvidos com a nossa vida, mas especificamente nossa família. É o chamado efeito dominó. Por isso, devemos escolher muito bem as nossas escolhas e decisões, além também das pessoas que fazem parte de nosso ciclo de relacionamentos, pois elas podem nos afetar positivamente ou negativamente.

Efeito dominó

Um exemplo clássico de externalidade negativa é a vida de Jonas. Esta é uma das histórias mais emblemáticas e conhecidas da Bíblia e é narrada principalmente no livro do Antigo Testamento que traz seu nome. Muitas pessoas apenas sabem quem foi Jonas no que diz respeito ao relato de quando ele foi engolido por um grande peixe ao desobedecer e fugir da ordem do Senhor, mas quem foi Jonas?

Jonas foi um profeta hebreu que viveu durante o reinado do rei de Israel Jeroboão II, em meados do século 8 a.C. Jonas era filho de Amitai, e veio de Gade-Hefer, uma aldeia de Zebulom, situada nas vizinhanças de Nazaré. Ele também é o profeta do livro que traz o seu nome, o quinto dos doze Profetas Menores. Como profeta, Deus ordenou que ele fosse à cidade de Nínive para clamar contra ela.

"Veio a palavra do SENHOR a Jonas, filho de Amitai, dizendo: Dispõe-te, vai à grande cidade de Nínive e clama contra ela, porque a sua malícia subiu até mim".

Jonas 1:1-2

No entanto, desobedecendo a ordem de Deus, o Profeta Jonas foi para Jope e embarcou em um navio com destino a Társis. No meio da navegação, Deus enviou uma grande tempestade que castigou a embarcação em que o profeta Jonas viajava. Toda vez que desobedecemos a Deus coisas desagradáveis acontecem conosco. A desobediência de Jonas o fez entrar em um ciclo de derrota, tudo estava dando errado para ele, e o pior, quem estivesse com ele sofreria também o dano, mesmo não tendo feito nada de errado. Esse é o efeito dominó da externalidade negativa.

"Jonas se dispôs, mas para fugir da presença do SENHOR, para Társis; e, tendo descido a Jope, achou um navio que ia para Társis; pagou, pois, a sua passagem e embarcou nele, para ir com eles para Társis, para longe da presença do SENHOR. Mas o SENHOR lançou sobre o mar um forte vento, e fez-se no mar uma grande tempestade, e o navio estava a ponto de se despedaçar".

Jonas 1:3-4

De acordo com o texto, todos os marinheiros e tripulantes do navio começaram a clamar cada um ao seu deus e realizarem uma série de procedimentos para tentar salvar as suas vidas e o navio, aí o capitão da embarcação encontrou o profeta Jonas dormindo no porão do barco.

"Então, os marinheiros, cheios de medo, clamavam cada um ao seu deus e lançavam ao mar a carga que estava no navio, para o aliviarem do peso dela. Jonas, porém, havia descido ao porão e se deitado; e dormia profundamente".

Jonas 1:5-6

O que mais me chama a atenção é que diante de um desastre, Jonas estava dormindo despreocupadamente. Geralmente pessoas que entram no ciclo de derrota, não se preocupam com o que está acontecendo a sua volta, o orgulho agarrou seu coração, a soberba abraçou seu corpo, estão insensíveis a Deus.

"Chegou-se a ele o mestre do navio e lhe disse: Que se passa contigo? Agarrado no sono? Levanta-te, invoca o teu deus; talvez, assim, esse deus se lembre de nós, para que não pereçamos".

Jonas 1:6-7

O capitão chocado com a cena que acabara de presenciar, ordena que Jonas invoque o seu Deus na tentativa de que Ele pudesse livrá-los. Mas Jonas se nega a isso, seu coração estava cheio de orgulho, e avisa ao capitão e a todos os marinheiros que ele era o motivo desta tempestade, e que eles precisavam lançá-lo ao mar para fazer cessar a tempestade (Vide Jonas 1:7 a 15).

E assim o fizeram, e a tempestade finalmente cessou. Uma verdade que não tem como esconder é que aqueles que estão no ciclo de derrota sabem o porquê de estarem neste ciclo, e muitas vezes não se importam com as perdas e prejuízos que estão causando às pessoas. Pessoas assim, que trazem tempestades à nossa vida, não merecem estar perto de nós, a não ser que queiram ajuda, e você esteja disposto a pagar o preço junto com esta pessoa, mas se forem como o profeta Jonas, preferem ir para o fundo do poço.

Influências coletivas

Ainda sobre o efeito dominó, de acordo com dois pesquisadores americanos James H. Fowler que é cientista político da Universidade da Califórnia em San Diego e Nicholas A. Christakis, que é médico e sociólogo, e também professor da Universidade Harvard e coautor do livro Connected – The surprising power of our social networks and how they shape our lives. (O surpreendente poder de nossas redes sociais e como elas moldam nossas vidas.)

Nesse material eles propõe que nós não somos habitados apenas pelos mundos criados por nossos amigos. Temos dentro de nós também os mundos criados pelos amigos dos nossos amigos e pelos amigos dos amigos dos nossos amigos. É chocante como nosso comportamento é moldado, em boa medida, por gente que nem sequer conhecemos, da qual estamos afastados por dois, até três graus de separação.

"Nosso ponto principal não é tanto mostrar que seus amigos o afetam. Isso é senso comum. Nós mostramos como pessoas que não conhecemos nos afetam" acrescentam. Também ressaltam que, "se você está disposto a mudar sua vida é preciso mudar suas amizades, seu ambiente, seus costumes. E acima de tudo, observe e selecione quem está ao seu redor. Já que, mesmo que você não perceba todos estarão te contagiando".

A fim de criar uma base para sua tese, Fowler e Christakis avaliaram as relações sociais de mais de 5 mil cidadãos americanos. Como cada indivíduo mantinha em média dez contatos mais próximos, surgiu um quadro geral de 50 mil pessoas das quais foram levantados regularmente inúmeros dados pessoais.

A análise estatística revelou, por exemplo, que a variação de peso dos participantes dependia intensamente do fato de os três amigos mais próximos do sujeito terem engordado ou emagrecido. Esse efeito, segundo os pesquisadores, não podia ser explicado apenas por refeições comuns. *Os aumentos de peso estavam associados a contatos sociais bastante variados: cônjuges e irmãos, por exemplo, parecem se influenciar tanto quanto colegas ou amigos*", observa Fowler.

Eles mostraram com o experimento que durou mais de cinco anos em uma cidade onde todas as pessoas foram mapeadas e a conexão de cada uma, com que esta pessoa estava conectada e descobriram que até a quarta geração de seus relacionamentos podem influenciá-lo.

De forma mais simples é dizer que o amigo do amigo, do meu amigo me influencia. Se ele é gordo, me faz ser mais gordo. Se ele é pobre, me faz ser mais pobre. Se ele é rico, me faz ser mais rico. Se ele é feliz, me faz ser mais feliz. Isso se chama de contagio social, um contagio emocional que vai na lateralidade de nossa existência.

Você já parou para pensar sobre isso? Tanto o contagio social como a externalidade tem o poder de trazer para nós coisas boas ou más. E a extensão disso vai muito além do que imaginamos. A minha avó já dizia: *"diga-me com quem andas que te direi quem és"*.

O exemplo de Gideão

Podemos observar isso de forma clara no livro de Juízes. Quando o povo esquecia de Deus, todos padeciam, a externalidade negativa era clara, o contágio social era evidente, muitos erravam, mas todos pagavam. Pais idólatras, filhos prejudicados, e assim por diante. Vamos ao exemplo de Gideão em Juízes:

"Fizeram os filhos de Israel o que era mau perante o SENHOR; por isso, o SENHOR os entregou nas mãos dos midianitas por sete anos".

Juízes 6:1

Deus os deixou passar pela opressão dos midianitas por um ciclo completo de sete anos. Imaginem só isso, durante sete anos o povo era perseguido, viviam debaixo do jugo do medo, eram roubados. Os midianitas subiam cada ano e tomavam toda a sua colheita, quando não a queimavam nos campos e tomavam todos os animais dos hebreus.

"E contra ele se acampavam, destruindo os produtos da terra até à vizinhança de Gaza, e não deixavam em Israel sustento algum, nem ovelhas, nem bois, nem jumentos. Pois subiam com os seus gados e tendas e vinham como gafanhotos, em tanta multidão, que não se podiam contar, nem a eles nem aos seus camelos; e entravam na terra para a destruir".

Juízes 6:4-5

Mas, como falamos acima, quando o povo sofria se lembrava do Senhor Deus, e então começavam a clamar.

O começo de um novo ciclo

"Assim, Israel ficou muito debilitado com a presença dos midianitas; então, os filhos de Israel clamavam ao SENHOR".

Juízes 6:6

Você acredita realmente que a sua vida pode fazer a diferença se estiver no lugar certo na hora certa? Era o início de um novo ciclo, o povo começou a clamar a Deus, e Deus estava disposto a dar ao seu povo um novo começo. Mas tudo dependia de uma resposta.

Deus sempre espera de nós uma resposta positiva em relação ao que estamos vivendo. O livro *Relentless Generational Blessing* (Bênçãos Hereditárias Incansáveis) de Arthur Burk é uma leitura muito interessante, revela como Deus pretende que cada um tenha um impacto nas gerações neste mundo. Esse livro é muito positivo e nos encoraja a ver bênçãos hereditárias nas nossas famílias, em oposição as características negativas e fracassos que parecem deter o sucesso.

Uma atitude

A nossa reação a aquilo que estamos vivendo diz muito sobre nós.

De algum modo Gideão parecia não se conformar com o que ele e seu povo estavam padecendo nas mãos dos impiedosos midianitas e por isso resolveu se posicionar, ainda que de forma tímida a princípio. Veja o que que lhe sucedeu enquanto malhava trigo no lagar:

"Então, veio o Anjo do SENHOR, e assentou-se debaixo do carvalho que está em Ofra, que pertencia a Joás, abiezrita; e Gideão, seu filho, estava malhando o trigo no lagar, para o pôr a salvo dos midianitas. Então, o Anjo do SENHOR lhe apareceu e lhe disse: O SENHOR é contigo, homem valente".

Juízes 6:11-12

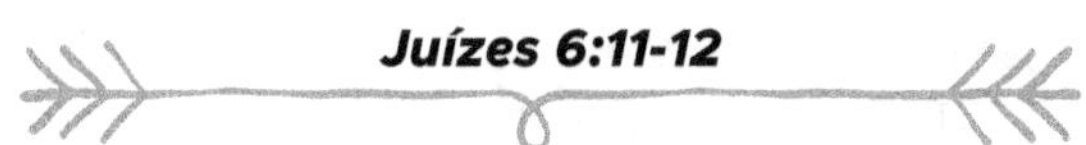

Gideão depois de um bom diálogo com o anjo do Senhor, entendeu que a força verdadeira do servo do Senhor não vem de si mesmo, e sim de Deus, e que Deus iria fazer dele um líder corajoso. Ninguém é forte o bastante para resolver seus próprios problemas sozinho, especialmente quando falamos sobre nosso problema principal: o pecado. E ele precisaria resolver isso dentro de sua própria casa. Ele precisaria quebrar a externalidade negativa da idolatria sobre sua família, para que o ciclo de derrotas fosse exterminado.

"Tornou-lhe o SENHOR: Já que eu estou contigo, ferirás os midianitas como se fossem um só homem. Ele respondeu: Se, agora, achei mercê diante dos teus olhos, dá-me um sinal de que és tu, SENHOR, que me falas. Rogo-te que daqui não te apartes até que eu volte, e traga a minha oferta, e a deponha perante ti. Respondeu ele: Esperarei até que voltes".

Juízes 6:16-18

Ciclo da vitória

O primeiro passo foi confirmar as palavras do Anjo ao seu respeito com uma oferta. A oferta revelou que Gideão tinha um coração generoso e inclinado a Deus.

"Entrou Gideão e preparou um cabrito e bolos asmos de um efa de farinha; a carne pôs num cesto, e o caldo, numa panela; e trouxe-lho até debaixo do carvalho e lho apresentou".

Juízes 6:19

O segundo passo foi construir um altar ao Senhor. Já observamos isso nos capítulos anteriores deste livro, um altar íntimo precede um altar público. Para que Gideão levasse o povo de Deus a vitória sobre os midianitas, ele teria que ter Deus como prioridade em seu coração, nada melhor do que levantar um altar íntimo a Deus.

"Então, Gideão edificou ali um altar ao SENHOR e lhe chamou de O SENHOR É PAZ. Ainda até ao dia de hoje está o altar em Ofra, que pertence aos abiezritas".

Juízes 6:24

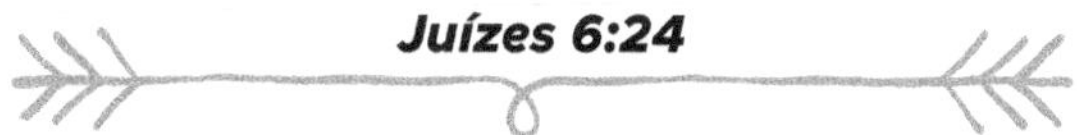

O terceiro passo foi destruir os ídolos do próprio pai e fazer um altar ao Senhor no mesmo lugar. Ele sabia que isso era extremamente necessário, por isso se posicionou diante de sua família, correu riscos, e para isso Gideão levou dez homens consigo e cumpriu o mandamento do Senhor na mesma noite.

"Naquela mesma noite, lhe disse o SENHOR: Toma um boi que pertence a teu pai, a saber, o segundo boi de sete anos, e derriba o altar de Baal que é de teu pai, e corta o poste-ídolo que está junto ao altar. Edifica ao SENHOR, teu Deus, um altar no cimo deste baluarte, em camadas de pedra, e toma o segundo boi, e o oferecerás em holocausto com a lenha do poste-ídolo que vieres a cortar".

Juízes 6:25-26

Observe bem, sabemos que para se ter um ciclo de derrotas, é preciso de alguns elementos como: a idolatria, derramamento de sangue e roubar a Deus. E estes foram os três passos que Gideão tomou para começar um ciclo de vitórias, as três chaves que destravaram um novo tempo ao seu povo: ele ofertou, construiu um altar, e destruiu os ídolos familiares.

A nossa missão começa em casa

A nossa missão, como a de Gideão, começa em casa. Os vizinhos ficaram irados, mas o pai de Gideão entendeu o significado de seu ato e o defendeu, dizendo que *"Um "deus" que não consegue se defender contra um punhado de homens não merece defesa pelos homens"*. O apoio de Joás, pai de Gideão, mostra entendimento, ele foi o segundo convertido nessa história.

Se estudarmos mais a fundo as Escrituras veremos que tanto no Antigo como no Novo Testamento, Deus destaca as nossas responsabilidades em relação à nossa própria família. Um dos alvos de cada servo de Deus é de influenciar sua família a servir ao Senhor.

Gideão estava pronto para a batalha, chegou o grande dia (Juízes 7), e ele havia convocado 32.000 israelitas para a guerra contra 135.000 midianitas. Sua desvantagem militar era de 4 contra 1, mas como sabemos, Deus nunca faz as coisas do nosso jeito, Deus não deixou Gideão entrar na batalha com este número de soldados, pois eles poderiam pensar que suas forças propuseram a vitória.

"Disse o SENHOR a Gideão: É demais o povo que está contigo, para eu entregar os midianitas nas suas mãos; Israel poderia se gloriar contra mim, dizendo: A minha própria mão me livrou".

Juízes 7:2

Assim, Deus fez Gideão diminuir a força militar de Israel, em duas etapas: Primeiro, mandou todos os tímidos e medrosos voltaram para casa, nisso foram embora 22 mil, e os midianitas ficaram com uma vantagem de 13,5 contra 1. Na segunda etapa, Deus mandou dispensar mais

9.700 israelitas, deixando Gideão com apenas 300 soldados para vencer o exército inimigo, de modo que cada soldado israelita teria que vencer 450 pessoas do exército inimigo. Que ousadia!

Além da desvantagem numérica, a estratégia não fazia nenhum sentido em termos militares, no entanto, o pequeno grupo de israelitas, venceu o exército dos midianitas, levando o povo a um novo ciclo de vitorias.

CAPÍTULO 10

CONTANDO OS ANOS

"Quem guarda o mandamento não experimenta nenhum mal; e o coração do sábio conhece o tempo e o modo. Porque para todo propósito há tempo e modo; porquanto é grande o mal que pesa sobre o homem".

Eclesiastes 8:5-6

Quando observamos o texto acima citado por Salomão, podemos aprender algumas coisas. Primeiro é que "quem guarda o mandamento não experimenta nenhum mal". Segundo, "o coração do sábio conhece o tempo e o modo". Terceiro, " todo propósito há tempo e modo"; Quarto, "porquanto é grande o mal que pesa sobre o homem".

Quando lemos de trás pra frente, conseguimos ter de forma clara a ideia que este grande sábio nos mostra. É mais ou menos assim: Sabemos que pesa sobre nós um grande mal, e este mal é produzido pela ansiedade e incerteza do que está por vir. Se este mal pesa sobre nós, então, para vencê-lo eu preciso ter um propósito claro, pois este propósito nos guiará no tempo e conduzirá no modo, pois dessa forma teremos um coração sábio, então, não experimentaremos nenhum mal.

Eu creio que a maior luta que enfrentamos nesta vida está relacionada com a ideia de crescimento. Se a pessoa não tem um propósito bem claro acaba se perdendo. É fato que todos nós temos um desejo inato de crescer e progredir e melhorar de vida.

No entanto, seja em qualquer área, tudo que envolve melhorar sua vida depende do entendimento de um princípio. É uma espécie de código espiritual, que talvez seja a única coisa real capaz de interferir na nossa vida e em tudo que vivemos, é o que chamamos propósito.

O propósito dá sentido à vida, produz energia. É a nossa missão no mundo, algo que nos faz sentir bem, o motivo pelo qual acordamos todas as manhãs. O proposito nos diferencia dos outros, é a atividade que realizamos e que é capaz de arrancar elogios das pessoas. Porém, não podemos confundir propósito com objetivo, são duas coisas bem diferentes. Proposito é o fim, objetivo é o meio. De maneira mais resumida, propósito é algo mais íntimo, é dele que vem o combustível para seus objetivos.

Um objetivo é a resposta para "O Que" você quer atingir, conquistar ou realizar. Já um propósito responde "Por Que" você quer atingir tal objetivo. Quando observamos o texto acima citado por Salomão, ele diz que o coração sábio conhece o tempo e o modo. Dessa forma conseguimos compreender que o propósito fala do tempo, e isso tem a haver com constância e perseverança. Enquanto que o modo é sobre os objetivos pelos quais o propósito vai discorrer. Daí a importância de você ter bem claro em sua mente e coração o seu propósito, vamos falar mais sobre isso adiante.

Eu descobri o meu propósito de vida ainda jovem aos dezenove anos, quando conheci a Jesus em 1993. Me firmei na igreja, entrei em um discipulado, e tudo aquilo que eu vivi e recebi fez com que este processo me levasse a descobrir meu propósito de vida, que era alcançar pessoas, treinar e formá-las para que elas tivessem uma vida abençoada e feliz, e assim, fizessem para outros o mesmo que receberam. Mas o que o propósito tem a ver em contar os anos? Tudo!

Pessoas com propósito planejam, traçam metas, conseguem visualizar a cada passo. "O coração do sábio conhece o tempo e o modo." Imagine isso tudo sabendo contar os anos. "Porque para todo propósito há tempo e modo". Tudo vai se tornar mais leve pois saberá o que fazer e esperar em cada ano, trará lucidez em relação as expectativas.

> **Contar os anos o levará a ter mais clareza em suas escolhas e decisões, a ser mais assertivo em seu propósito e o concederá mais habilidade em suas ações.**

Precisamos compreender que Deus estabeleceu um princípio muito claro na contagem dos anos, e entender isso vai fazer toda a diferença na sua vida e em tudo que você irá conquistar. Deus não mudou os princípios por Ele estabelecidos, estes continuam valendo para nós hoje.

"Contarás sete semanas de anos, sete vezes sete anos, de maneira que os dias das sete semanas de anos te serão quarenta e nove anos".

Levítico 25:8

No entanto, ao falar desse assunto também quero deixar bem claro, que quando Deus entra na história de alguém, não tem tempo ou ciclo que possa interferir, mas isso pelo meu entender é uma exceção à regra.

"Ainda antes que houvesse dia, eu era; e nenhum há que possa livrar alguém das minhas mãos; agindo eu, quem o impedirá?"

Isaias 43:13

Mas devido a esse planejamento mediante os ciclos de sete anos, é possível aprender a contar os anos e assim fluir de forma mais contundente e produtiva, e para isso passou-se a necessitar de marcos (acontecimentos importantes), assunto já abordado em um dos capítulos anteriores, para que a partir deles, fosse possível a contagem dos anos.

O importante não é apenas saber que existe um ciclo, mas saber em que ano você está. Porque, para cada ano, Deus tem direcionamentos para sua vida e exige uma resposta sua em relação a isso, uma resposta errada gerará um resultado negativo, e assim você poderá entrar num ciclo de derrota, não conseguindo ver Deus manifestar suas promessas em seu viver.

Mas antes de entrar em cada ano no ciclo de sete, e descobrir o que cada ano representa para nós, precisamos entender uma base muito importante que faz todo sentido para aqueles que querem viver as promessas de Deus em suas vidas.

Causalidade ou Casualidade

No âmbito espiritual existem duas palavras muito parecidas, mas muito diferentes quando buscamos resultados significativos: causalidade (causa e efeito) ou casualidade (acaso). A posição da letra "U" em relação a letra "S" muda drasticamente o sentido da palavra e explica boa parte das diferenças entre os resultados significativos que as pessoas têm durante a vida.

Mas infelizmente, muitas pessoas acreditam que a vida que levam é uma consequência da casualidade, ou seja, do acaso, por isso não mudam o que colhem, e não conseguem colher o que desejam. Essas pessoas acham que as coisas boas acontecem por sorte e as coisas ruins acontecem por azar. Elas também entendem, que a vida que vivem é uma consequência de algo que não está no controle delas mesmas, e isso, é uma grande mentira.

Sabemos que é mais uma artimanha de satanás para manipular nossas vidas em relação ao tempo, nos levando a acreditar que tudo é fruto do acaso, e por isso normalmente, nós culpamos nossos fracassos pela falta de sorte ou até pelo excesso de sorte que pessoas bem-sucedidos tiveram. Pessoas assim, frequentemente vivem prestando atenção na vida dos outros, enquanto reclamam do que elas fazem.

Pessoas que vivem assim, constantemente na casualidade, acabam deixando que a vida os leve, e quem não tem um caminho certo acaba se perdendo, e não se dão conta que o problema são elas mesmas (não percebem a relação de causalidade), dificilmente fazem algo para mudar a situação, sempre esperando que a mudança venha de fora como jogos de azar, pirâmides financeiras, príncipes encantados, enfim ilusões. Entra ano e sai ano, é tudo a mesma coisa, pois estão presas a um ciclo de derrota.

Mas por outro lado, existe uma pequena parcela de pessoas que entendem que a vida é regida pela causalidade, ou seja, toda causa tem um efeito. Causalidade é o nome dado para uma relação de causa e efeito entre duas coisas, seja sonhos, projetos, objetos, eventos, variáveis etc. A ideia de causalidade remete a uma noção de direção, causando, promovendo, sendo motivo do outro evento.

Dessa forma, a vida que temos hoje é um efeito, ou uma consequência de uma causa que está no nosso passado. Lembrando que o passado só serve para refletir e nunca repetir, ainda mais quando falamos de coisas desagradáveis e negativas. Isso significa que a vida que teremos no futuro próximo, dependerá de todas as decisões e ações concretizadas hoje. Entender que sua vida não é fruto da casualidade (acaso), mas sim da causalidade (causa e efeito) é metade da história.

Mentoria

A outra metade vai depender muito de um outro ponto que precisa ser entendido: precisamos de um mentor. Pessoas precisam de uma voz sobre suas vidas, alguém que irá ajudá-los a enxergar melhor, pois se querem acertar, precisam andar perto de pessoas que tem o entendimento mais elevado que o delas.

Lembra do conceito de externalidade e contágio social? É isso. Muitas das escolhas que estamos fazendo hoje (causas) para obter algum resultado no futuro (efeitos) não foram escolhas nossas, mas sim escolhas de pessoas que possuem um entendimento além disso. São pessoas que exercem poder sobre nossas escolhas e nos ajudam a crescer e acertar.

"Também eu te digo que tu és Pedro, e sobre esta pedra edificarei a minha igreja, e as portas do inferno não prevalecerão contra ela".

Mateus 16:18

Nós podemos ver muitos exemplos bíblicos do poder da causalidade exercido por um mentor: Moisés e Josué, Noemi e Rute, Elias e Eliseu, e o que eu acho mais incrível: Jesus e Pedro.

Pedro era um simples pescador, desconhecido, insignificante, mas se tornou um homem de grande influência e extremamente importante para a edificação da igreja. Quem anda com Jesus e segue seus princípios, sempre crescerá em sua vida. Jesus deu um destino a Pedro, mostrou-lhe o caminho, e Pedro não resistiu em seguir. São os dois pedaços da laranja, obediência e fé.

Uma pessoa nunca irá conseguir contar os anos se não entender e seguir o princípio da causalidade. A sua vida é fruto de suas escolhas e decisões e é preciso compreender bem isso.

A dinâmica do tempo e da contagem dos anos muda de acordo com a atitude das pessoas com relação ao tempo que estão vivendo:

A atitude errada, no tempo errado = regressão.

A atitude errada no tempo certo = frustação.

A atitude certa no tempo errado = confusão.

A atitude certa no tempo certo = progressão.

Através das Escrituras, vamos ver o que cada ano representa. Trataremos aqui de sugestões e determinações de Deus ao seu povo. Acredito que seja um padrão para o ser humano e por meio desse conhecimento é possível entender melhor o que estamos vivendo, e de certa forma, nos alinhar ao que está proposto a nós, a fim de colhermos frutos de um ciclo abençoado.

Contar os anos é como fazer um bolo seguindo uma receita, se você obedecer a receita, o bolo sairá conforme o esperado, mas qualquer coisa que deixemos de fazer pode comprometer o resultado final do bolo, e a culpa não será do bolo, e sim de quem está fazendo. É claro que esta analogia o fará entender que não existe dificuldade e sim obediência à receita.

Primeiro Ano de um ciclo

No hebraico, há um entendimento simbólico por trás de cada número, um significado implícito. Por exemplo, o número um, assim como o número oito, está sempre ligado com algo novo acontecendo, por se tratar do primeiro de um ciclo de sete anos.

O primeiro desse ciclo é sempre um ano de aprendizado, mudança e novas experiências. A cada ciclo concluído, Deus deseja nos projetar para coisas maiores, é como subir degraus de uma escada, precisamos crescer ou então retrocederemos. E por isso, devemos aprender a romper com as velhas estruturas mentais e se abrir para o novo de Deus.

"Não vos lembreis das coisas passadas, nem considereis as antigas. Eis que faço coisa nova, que está saindo à luz; porventura, não o percebeis? Eis que porei um caminho no deserto e rios, no ermo".

Isaías 43:18-19

É hora de perceber que o novo chegou, esqueça as coisas passadas e antigas, pois agora, nesse momento, todo nosso ser deve passar por uma mudança. É assim, passar por mudanças não é fácil, dá trabalho, há desgaste, produz desconforto, mas é só assim que avançamos.

Uma mudança é uma troca de lugar, uma troca de posição ou direção. Uma mudança é uma troca de mecanismo para que você possa acelerar e também requer planejamento. Se podemos dar um nome para o primeiro ano de um ciclo, podemos chamá-lo de: O ano do aprendizado.

O Ano do Aprendizado

"É fazendo que se aprende a fazer aquilo que se deve aprender a fazer."

Aristóteles

Uma das coisas que para mim é muito desconfortável é uma mudança de endereço. Eu tenho 21 anos de casados e já trocamos de apartamento umas cinco vezes. Fazer mudança de casa por conta própria é um processo trabalhoso, demorado e que requer muito planejamento.

No entanto, posso garantir que com organização, é possível mudar em qualquer área, e nisso a minha esposa Renata é muito boa, e ao consultá-la sobre as mudanças de casa ela me instruiu da seguinte forma: "Primeiramente, *você deve começar a embalar os itens da casa com bastante antecedência, começando com aqueles que raramente são utilizados, depois os que são usados às vezes e, por último, o que é utilizado com muita frequência. Além de organizar uma mala com o "kit" para poucos dias"*.

O principal a se fazer é definir a ordem em que os itens serão transportados ao novo endereço, de modo que os objetos de necessidade e uso cotidiano sejam os últimos a serem tirados, assim não passamos aperto. Outro ponto muito importante é organizar e nomear as caixas de mudança com cuidado e detalhamento. Isso fará toda a diferença na hora de desempacotar e alocar os pertences nos cômodos devidos na nova casa, economizando tempo e esforço.

Depois de tudo isso vem o mais desconfortável para mim, o colocar as coisas no lugar. Para isso eu e a Renata estabelecemos uma meta de dias para terminar o desempacotamento, o prazo também inclui a organização dos itens e das coisas. Pense em algo desgastante a se fazer, parece que nunca vai terminar, no começo é um caos, mas quando as caixas vão sendo eliminadas, começamos a animar.

Assim é o primeiro ano de um novo ciclo, vai ter que haver uma mudança, e toda mudança requer um planejamento. E mais, deverá haver uma ruptura com o velho para que o novo venha nascer, você estará se despedindo do ciclo passado, se foi um ciclo bom, ótimo, mas se foi ruim, ótimo também por que acabou, mas agora começou algo novo, e para isso, você precisa de novas expertises para continuar crescendo.

O mais difícil deste primeiro ano do ciclo é que nós não colheremos nada, não teremos resultados significativos, pois para aprender é preciso semear, e toda semente precisa de tempo para dar o seu fruto, e esse tempo será abrangente nos cinco próximos anos. Por isso é preciso muita paciência e dedicação. Você estará arrumando os próximos anos do novo ciclo.

"Melhor é o fim das coisas do que o seu princípio; melhor é o paciente do que o arrogante".

Eclesiastes 7:8

Em qualquer área da nossa vida, o primeiro ano de um ciclo, sempre será um ano um pouco complexo, por assim dizer, difícil, onde teremos que aprender a lidar com o novo. No primeiro ano, tudo é novo, tudo é diferente, traz insegurança e as vezes produz angústia por não saber o que poderá vir adiante. Vale acrescentar também que devemos estar bem atentos, porque uma mudança também pode ser um esquema traiçoeiro e enganoso, e eu sei muito bem disso, senti isso na pele e compartilharei adiante.

Quando não sabemos contar os anos, não conseguimos compreender direito o primeiro ano de um ciclo. Aconteceu comigo num determinado período, estávamos numa crescente, a igreja aumentou o número de membros, havia muita prosperidade e eu tinha organizado e planejado as finanças da igreja e o seu crescimento conforme o ritmo que vínhamos tendo, estava praticamente tudo sob controle, nossos líderes cheios de fervor, tudo dando certo.

Até que se deu início um processo de desaceleramento, foi totalmente perceptível, estávamos no final do sétimo ano, e isso começou a me preocupar. A arrecadação que vínhamos tendo teve uma queda significativa, voltamos ao patamar do que arrecadávamos no começo do quinto ano. Estávamos entrando no oitavo ano ou primeiro ano de um novo ciclo.

Era chegado um novo tempo, um novo ciclo, uma nova estação, e não estávamos preparados para ela. O tempo da mudança bateu a nossa porta, chegou o novo, e o que passou não cabia mais neste novo momento. Me senti perdido, sem direção, o medo me cercou. Nunca orei tanto em minha vida, não só orar, mas também chorar, fiz tanto jejum neste período, decorei os salmos 6, 22, 46, 91, 121, 126... eles eram a minha oração diária, e sempre que os recitava me sentia confortado. Sempre que a dúvida me assolava eu os orava.

O meu sentimento era que Deus estava me punindo de algo, e para nós a ideia de punição vem atrelada a um pecado cometido ou uma maldição, e isso não fazia sentido para mim, pois eu sempre fui muito temente a Deus, talvez por isso, me doía tanto, eu não estava entendendo o porquê de uma mudança de favor. Aquele foi um dos momentos mais difíceis da minha vida e ministério. Uma coisa é quando você está começando algo, aí se espera toda dificuldade possível, outra coisa, é você sair do monte e descer ao deserto sem entender o motivo.

Neste período vivenciei traições, abandono, rebeliões, causas na justiça, isso tudo dentro apenas do primeiro ano. A minha fé foi provada no fogo, pensei em desistir, mas algo dentro de mim falava: "Tudo isso vai passar, permaneça firme".

O nome que havia construído com tanto cuidado e esmero, foi para o chão, de bem falado a mal falado, de bom pastor a o pior de todos, fui motivo de fofocas e chacotas, os amigos que achei que tinha desapareceram, literalmente passei pela fornalha do Senhor. A dor me ensinou, amadureci neste período, me apeguei com todas as forças no Senhor, buscava Dele respostas para este momento tão difícil.

"Confiai nele, ó povo, em todo tempo; derramai perante ele o vosso coração; Deus é o nosso refúgio."

Salmos 62:8

Foi então que aprendi que todo começo de ciclo você precisa mergulhar em Deus, pois geralmente, quando tudo está indo bem, buscamos pouco ao Senhor, mas quando as coisas estão difíceis, nossa disposição de buscar aumenta de forma significativa. É por isso que o primeiro ano é de aprendizado, precisamos aprender que tudo vem de Deus, nosso refúgio, e quanto mais o buscamos, mais encontramos Nele aquilo que precisamos, entendendo assim que dependemos totalmente Dele.

"Em todo tempo sejam alvas as tuas vestes, e jamais falte o óleo sobre a tua cabeça".

Eclesiastes 9:8

Foi então que fui estudar e buscar compreender este período tão desafiador na minha vida. Aprendi a contar os anos e por isso compartilho. Deus me trouxe a memória os ciclos passados, e me fez entender tudo de forma clara. Quando entendi isso, tudo começou a fazer sentido, pude ver os erros de planejamento que cometi por não saber contar os anos e prever os tempos e estações.

Como diz bem e ensina o escritor Augusto Cury: "O inteligente aprende com seus próprios erros, mas o sábio aprende com os erros dos outros". Fiquei mais inteligente, e hoje ensino você a ser sábio. Vou continuar a minha história no decorrer da leitura, e contar a minha experiência dentro do ciclo.

*"Vi ainda debaixo do sol que não é dos ligeiros o prêmio,
nem dos valentes, a vitória, nem tampouco dos sábios,
o pão, nem ainda dos prudentes, a riqueza, nem dos
inteligentes, o favor; porém tudo depende do tempo e do
acaso".*

Eclesiastes 9:11

Primeiro Ano

O primeiro ano de um casamento é desafiador, ambos terão de lidar com as diferenças um do outro, precisam aprender a compartilhar tudo. A convivência no início não é fácil, pois são duas pessoas completamente diferentes que tinham vidas diferentes, famílias diferentes, criações e manias diferentes, mas que agora precisam ter tudo em comum, inclusive as despesas. É preciso aprender a estar casado.

O primeiro ano na faculdade não é fácil. É um período de mudanças e desafios. Você não conhece ninguém, terá que fazer novas amizades, se relacionar, adaptar-se a um novo estilo de vida e a outro ritmo de estudos. Tudo isso pode não ser uma tarefa das mais fáceis para os calouros, pois um curso de graduação, diferente da escola, requer maior dedicação por parte dos estudantes.

O primeiro ano de uma empresa é o mais crítico. De dez empresários, seis deles, perdem dinheiro nos primeiros doze meses, e desanimam do negócio. O primeiro passo para se manter vivo no primeiro ano de empresa é aprender sobre gestão de negócios. Definir estratégias, investir no desenvolvimento dos colaboradores, estabelecer uma cultura para a empresa, recrutar bons profissionais e aprender sobre gestão financeira deve estar entre as suas prioridades.

O primeiro ano de um novo convertido ou pastor ordenado é o mais difícil. Aprender a ser um cristão, mudar a forma de falar, ser e agir. Lutar contra as tentações e pecados, negar a carne e se santificar. Ser discipulado e obedecer às direções. Ganhar vidas e cuidar delas para que conheçam Jesus assim como ele. Ao pastor novo ordenado há o desafio de vencer o orgulho, ter um coração ensinável e depreendido, ser servo, procurar dar ao invés de receber. Isso requer muita convicção.

Quando uma mudança pode ser um esquema traiçoeiro e enganoso, produzindo angústia?

Anteriormente, falei que uma mudança nem sempre é benéfica e pode se revelar como um esquema traiçoeiro. Gostaria de esclarecer esse ponto. Isso acontece quando a pessoa não está preparada para a mudança, ou não tem disposição para ela. Quando está iludido com a colheita do ciclo passado e por isso acha que o que alcançou no ciclo passado vai ser constante, que vai ser crescente, que será daí pra melhor, e acaba não se preparando para o novo ciclo, e assim se frustra e desiste. Essa para mim é a parte mais difícil, como citei acima, eu quase desisti de tudo.

O primeiro ano de um ciclo, ou o primeiro ano de um novo ciclo, requer aprendizado, requer habilidade para que o crescimento aconteça, e assim continuar progredindo. Quando se aprende a contar os anos, isso fica mais fácil, e traz para nós muita paz em nosso coração, pois sabemos que mais na frente chegará o tempo da abundância, digo por experiência própria.

São necessárias algumas atitudes que vão fazer toda a diferença neste primeiro ano do ciclo, ou novo ciclo. Você deve adotá-las imediatamente se quiser começar bem. Então vamos lá:

a) Aceite o desafio da mudança

Não enxergue a crise como um fim, mas a veja, como um desafio para mudar e crescer. Desafios movem o mundo. Quem não começa nada por medo de dar errado, não vive para ver o começo dar certo. Quem não ousa sonhar e fazer diferente neste novo ciclo, está praticamente paralisado e não sabe. Mudanças são desafiadoras, não se acomode, busque melhores resultados, aceite o desafio!

b) Vença o medo do novo

Em toda a Palavra de Deus, encontramos esta palavra "Vença"! Essa palavra deve mover nossas vidas agora e sempre, pois se perdemos a coragem de tentar vencer, já teremos perdido tudo. O medo é um sentimento poderoso, desagradável, associado a risco ou perigo. Essa emoção pode ser real ou imaginada.

É fundamental para quem quer conseguir mudanças positivas na vida tenha coragem para avançar e enfrente os seus medos.

Não importa o quanto você tenha errado até aqui, acredite firmemente que é possível traçar um novo plano e dar o primeiro passo quantas vezes forem necessárias.

c) Ouça as pessoas certas

Outro ponto importante é parar de dar ouvidos a quem não importa. Nem todo mundo está preparado para aconselhar. Escolha com cuidado as pessoas a quem deve ouvir. As pessoas adoram dar conselhos e opinar, mas muitas vezes sequer passaram por situações semelhantes ao que você está vivendo. Ouça também quem está onde você gostaria de estar, seja financeiramente ou com relação a outros setores da vida.

d) Tudo começa e termina em você

O primeiro ano é "o ano do aprendizado", abra o seu coração para isso, se esforce. O que você decidir fique firme, trace suas metas, estabeleça seus objetivos para este ano e para os próximos seis anos, não tire os olhos disso. Somente você pode decidir o que será do seu presente e futuro, agora! Olhe para o seu passado e busque o que você precisa melhorar neste novo ciclo. Aprenda a ouvir mais, seja fiel, leal, sirva, obedeça, se dedique, pois, são essas atitudes que o levarão a começar bem o novo ciclo.

"SENHOR, tem misericórdia de nós; em ti temos esperado; sê tu o nosso braço manhã após manhã e a nossa salvação no tempo da angústia."

Isaías 33:2

Assuma o comando de suas decisões e escolhas no tempo da angústia, confie em Deus, ore, busque forças Dele. Assim você conseguirá mudar de vida radicalmente. Saia da sua zona de conforto e coloque essas dicas em prática hoje mesmo. Comece devagar se você preferir, mas comece!

Lembre-se sempre que independentemente dos seus objetivos para o primeiro ano, daquilo que você pretende realizar ao longo do ciclo inteiro, da sua busca por mudança, fazendo ou não fazendo, se dedicando ou não, agindo ou ficando parado onde está, o tempo passará de qualquer maneira. Portanto, decida o que você quer viver e colher e se mova.

Segundo Ano de um ciclo

O segundo ano de um ciclo de sete, é o mais penoso, porque precisamos botar em prática o que aprendemos no primeiro ano sem desistir. Se pudermos dar um nome ao segundo ano, ele seria um ano de muito serviço, de muito trabalho.

É tempo de erguer as mangas e trabalhar, e neste trabalho não vamos obter muitos resultados, por isso, não tem como entrar no segundo ano com muita expectativa de retorno. É tempo de mostrar o que aprendeu no primeiro ano trabalhando, construindo para que nos próximos anos venha a colheita.

Ano de muito Trabalho

"O trabalho poupa-nos de três grandes males: tédio, vício e necessidade."

Voltaire

Deus estabeleceu um novo ciclo para o seu povo, o tempo do Egito já se havia findado, pois o povo foi tirado de lá com braço forte. Já tinha se passado um ano depois da grande libertação e Moisés conduzia o povo no deserto, eles estavam vivendo o novo e Deus tinha feito a eles grandes promessas.

Eram mais de dois milhões de israelitas prontos, esperando para entrar em Canaã, mas primeiramente precisariam conquistar as cidades, apropriar-se da terra e desfrutar sua herança prometida. Estavam no segundo ano deste fato histórico que se tornou um marco na vida dos israelitas, no entanto, antes que tudo isso pudesse acontecer, Deus deu direções a Moisés que deveriam ser cumpridas.

No primeiro ano, Moisés conduziu o povo à liberdade, o povo israelita estava aprendendo a ser um povo livre da escravidão. Agora no segundo ano Moisés teria muito trabalho pela frente. Moisés precisava organizar essa multidão de mais de dois milhões de ex-escravos, libertos há apenas um ano. Sabemos que não era uma tarefa simples, o povo e a sua liderança precisavam trabalhar.

Moises teria cinco deveres a cumprir neste segundo ano:

1 - Cadastro de todos os hebreus

"No segundo ano após a saída dos filhos de Israel do Egito, no primeiro dia do segundo mês, falou o SENHOR a Moisés, no deserto do Sinai, na tenda da congregação, dizendo: Levantai o censo de toda a congregação dos filhos de Israel, segundo as suas famílias, segundo a casa de seus pais, contando todos os homens, nominalmente, cabeça por cabeça".

Números 1:1

2 - Organização das tribos

"Disse o SENHOR a Moisés e a Arão: Os filhos de Israel se acamparão junto ao seu estandarte, segundo as insígnias da casa de seus pais; ao redor, de frente para a tenda da congregação, se acamparão".

Números 2:1-2

3 – Distribuições das incumbências sacerdotais

"Disse o SENHOR a Moisés: Faze chegar a tribo de Levi e põe-na diante de Arão, o sacerdote, para que o sirvam e cumpram seus deveres para com ele e para com todo o povo, diante da tenda da congregação, para ministrarem no tabernáculo. Terão cuidado de todos os utensílios da tenda da congregação e cumprirão o seu dever para com os filhos de Israel, no ministrar no tabernáculo".

4 - Levantar o Tabernáculo

"No primeiro mês do segundo ano, no primeiro dia do mês, se levantou o tabernáculo. Moisés levantou o tabernáculo, e pôs as suas bases, e armou as suas tábuas, e meteu, nele, as suas vergas, e levantou as suas colunas."

5 - Estabelecer a Páscoa e sua celebração;

"Falou o SENHOR a Moisés no deserto do Sinai, no ano segundo da sua saída da terra do Egito, no mês primeiro, dizendo: Celebrem os filhos de Israel a Páscoa a seu tempo. No dia catorze deste mês, ao crepúsculo da tarde, a seu tempo a celebrareis; segundo todos os seus estatutos e segundo todos os seus ritos, a celebrareis".

Como vocês podem ver, o segundo ano, é um ano de muito trabalho, pois Deus estava começando algo novo com seu povo, e para isso, Moisés precisava: organizar, alinhar, celebrar e servir. Talvez seja esse o segredo do segundo ano de um ciclo. Portanto, o nosso trabalho é:

Organizar nossa vida e projetos com base naquilo que desejamos conquistar e viver, pois é sempre mais cômodo procurar culpados por nossas próprias frustrações. Porém, somente quem tem a coragem de trabalhar, consegue dar o primeiro passo para uma vida transformadora.

Alinhar pensamentos e emoções, colocando nosso foco em fazer o melhor ao invés de dar desculpas, alinhando nossa vida no projeto planejado no primeiro ano, pois neste mundo só os que trabalham sobrevivem e vencem.

Celebrar a Deus e a vida com alegria, mantendo sempre um coração grato e devotado, estando atento para cumprir seu chamado em Deus, para isso assumindo o controle sobre seus próprios pensamentos e ações.

Servir ao próximo como se fosse para Deus, fazendo sempre o melhor, sem reclamar, sem murmurar, sem preguiça. Esse é o tempo de trabalhar, trabalhar e trabalhar. Mas, não apenas trabalhe, o faça com muita criatividade e disposição, construindo assim uma vida que gere resultados significativos, neste novo tempo.

"Então, disse comigo: Deus julgará o justo e o perverso; pois há tempo para todo propósito e para toda obra".

Eclesiastes 3:17

Como podemos ver, há um propósito para o segundo ano, e este propósito tem a ver com o muito trabalho em prol da obra que estamos executando, e esta obra será bem-feita de acordo com aquilo que aprendemos no primeiro ano.

Deus julgará o justo e o perverso, diz o texto em Eclesiastes. O justo é o que faz bem feito, de maneira diligente, organizada e alinhada. Ele celebra e serve, pois está de olho no resultado que virá, mas o perverso é o que despreza o trabalho.

> **Se neste ano você está tendo muito trabalho e pouco resultado, seja bem-vindo ao segundo ano de um ciclo!**

Terceiro Ano de um ciclo

Deus sempre tem grandes coisas planejadas para o seu povo, assim como também tem grandes coisas planejadas para seus filhos. E tudo que Deus deseja é que sejamos tal como Ele é. Foi no terceiro ano de seu ministério terreno que Ele foi sacrificado por nós, para que obtivéssemos o perdão dos pecados e a salvação.

Deus compartilhou seu Filho conosco sem pedir nada em troca. E quando olhamos para as Escrituras, conseguimos ver isso como uma determinação de Deus para o seu povo, no terceiro ano eles deveriam compartilhar.

"Quando acabares de separar todos os dízimos da tua messe no ano terceiro, que é o dos dízimos, então, os darás ao levita, ao estrangeiro, ao órfão e à viúva, para que comam dentro das tuas cidades e se fartem."

Deuteronômio 26:12

Ao olharmos com cuidado observaremos que Deus direcionou a forma como isso deveria ser feito. No ano do dízimo eles deveriam semear ao Levita (responsáveis pela casa de Deus), estrangeiro (estranho), órfão (os desamparados) e a viúva (aquelas que não tem um provedor). Estes atos postos em prática seriam uma demonstração de intimidade com o Senhor.

Atualmente, os dízimos devem ser entregues na igreja, e o dever da igreja é redistribuí-los consoante essas mesmas determinações citadas no versículo acima: atender aos responsáveis pela casa de Deus, ao estranho, aos desamparados e aquelas que não tem provisão.

Três importantes lições

Além disso, da prática determinada por Deus para o terceiro ano podemos extrair ao menos três lições importantes:

A primeira e mais evidente delas é que ao entregar os dízimos, os israelitas estavam reconhecendo que Deus era o doador de todo o bom fruto da terra. Em segundo lugar, eles estavam negando a si mesmos, pois os primeiros frutos são os mais desejáveis, já que sobre eles está a expectativa de uma boa colheita. Mas, ao entregá-los a Deus, os israelitas O estavam preferindo em honra, mostrando que Deus era mais importante que eles mesmos.

E por último, ao dar os dízimos a Deus, estavam dando o seu melhor. Quando dizimamos damos a Ele o melhor de nossas forças, intenções e disposição. Muitos cristãos não entendem os princípios escondidos por trás das ofertas e dízimos que entregamos ao Senhor. Não percebem que é algo que faz parte da adoração, do culto a Deus, por isso se faz necessário.

O Ano de Compartilhar

"Sua vela não perde a luz ao ascender outra."

John Maxwell

Quando falamos de compartilhar, falamos de semear, de nutrir uma atitude altruísta. Compartilhar no conceito da palavra, remete a dividir o que temos com as pessoas ao nosso redor, buscando identificar as necessidades do outro e definir quais podem ser atendidas mais efetivamente.

O compartilhar aqui, não fala apenas de recursos. Sobre esse assunto, gostaria de desmistificar algo. Todo dinheiro que você vai conseguir na sua vida, através de todo tempo e esforço que forem necessários, será apenas o meio, jamais um fim.

O dinheiro por sua natureza é apenas um meio e não um fim. O dinheiro funciona apenas como um abridor de portas. E quando compartilha seus recursos através dos dízimos ou doações, escolhe as portas que pretende abrir, visando um futuro. Pois não faz sentido buscar um meio, se você não tem um fim ou um "porquê" bem definido na sua mente.

A essência do compartilhar é muito além de recursos, é sobre valores, sentimentos, afeto e cuidado que teremos que ter em relação ao próximo. No terceiro ano do ciclo, a sua atenção deve se voltar a o que você está fazendo ao próximo e ao mundo.

No livro Prosperidade Harmônica de James Arthur Ray, ele fala que temos três relacionamentos principais: o relacionamento com o EU, que é como nos vemos, falamos, valorizamos, acreditamos em nós mesmos. O relacionamento com os OUTROS, que é como nos comunicamos, valorizamos e agimos com terceiros. E o relacionamento com o MUNDO como um todo, que é: como vemos, valorizamos e agimos em benefício das nossas comunidades e natureza.

Todos são muito relevantes, no entanto precisamos entender a importância de crescer no nosso relacionamento com o nosso EU. Somente pessoas bem resolvidas com o seu EU, conseguirão produzir cura e vida e assim abrir portas para um futuro onde grandes oportunidades baterão em sua porta.

Para conseguir construir um relacionamento saudável consigo mesmo e com os outros, James Ray diz que precisamos elevar e harmonizar os três níveis de vibração que criam o campo de intenção e da atração, que são: Auto Imagem (Eu penso), Auto estima (Eu sinto) e Auto confiança (Eu Ajo). Pois, você nunca conseguirá viver plenamente o terceiro ano, que é o ano do compartilhar, se o seu EU não estiver equilibrado com os outros e com o mundo.

O tempo é um constante mecanismo de biofeedback que nos diz por intermédio dos resultados exteriores o que somos interiormente. Quando a qualidade de seus relacionamentos melhora, isso é uma indicação de que você espelhará a sabedoria, a empatia e a energia para o mundo, que é o reflexo do conhecer a si mesmo. Através dessa identificação, é possível entender e treinar a mente e o corpo para controlar suas reações.

Quando a pessoa identifica quais são os processos presentes dentro de uma reação, ela pode controlar essa resposta. Assim você compartilhará com o coração cheio de generosidade, não olhando para as coisas naturais focadas no presente e sim para as espirituais focando num futuro promissor que há de vir.

No terceiro ano do ciclo, a sua atenção deve se voltar ao que você está fazendo para o próximo. O que você tem feito para produzir crescimento e mudanças no outro? No terceiro ano de um ciclo, Deus espera de nós mais altruísmo, mais atenção a aquilo que estamos formando e construindo na vida das pessoas. Vamos observar Jesus:

De servos a amigos

"Já não vos chamo servos, porque o servo não sabe o que faz o seu senhor; mas tenho-vos chamado amigos, porque tudo quanto ouvi de meu Pai vos tenho dado a conhecer".

João 15:15

Jesus estava no terceiro ano de seu ministério aqui na terra quando Ele chamou seus discípulos de amigos. Era santa ceia, e eles estavam na mesa com Ele, mesa é claramente um sinal de intimidade. Uma intimidade crescente, pois nos dois primeiros anos, Jesus tinha seus discípulos como servos, mas que se tornaram amigos.

Existe uma diferença muito grande entre servos e amigos. Um servo recebe ordens para fazer as coisas e vê o que seu mestre faz, mesmo que não saiba o sentido ou propósito daquilo. Já os amigos sabem o que acontece na vida dos outros amigos, porque cultivam uma forte comunhão e conhecem uns aos outros. No terceiro ano de seu ministério, Jesus, de tanto compartilhar descobriu amigos.

Todo compartilhar passa por fases, por processos, até alcançar o status íntimo da aliança. Quanto mais eu compartilho, mais estou construindo uma aliança. Como vemos com Jesus, tudo começou com a seleção dos discípulos, depois passou para o serviço, até chegar à amizade.

"Em todo tempo ama o amigo, e na angústia se faz o irmão".

Provérbios 17:17

No terceiro ano, o seu compartilhar vai lhe mostrar quem realmente são os seus amigos. Quando falamos de amigos, falamos de aliança. E porque não dizer, que no terceiro ano, suas alianças serão estabelecidas com aqueles que realmente merecem estar ao seu lado.

O ciclo de sete anos, é um processo que Deus preparou para o homem, preste bem atenção: No primeiro ano você deve aprender, abrir sua vida a novas possibilidades, ser elevado por Deus a um novo nível. Por isso, esteja aberto às mudanças que virão.

No segundo ano é hora de colocar a mão na massa e trabalhar. O trabalhar denunciará que você está disposto a conquistar aquilo que estabeleceu no primeiro ano.

Já no terceiro ano, Deus espera e quer ensiná-lo que aquilo que você estabeleceu necessita do seu altruísmo, necessita do seu compartilhar, não é sobre coisas ou recursos, e sim sobre multiplicação, sobre o que vamos fazer pelo próximo. Pois, é no começo que nosso coração é visto.

"E isto afirmo: aquele que semeia pouco, pouco também ceifará; e o que semeia com fartura com abundância também ceifará".

2 Coríntios 9:6

Dar e Receber

Eu gosto muito da perspectiva que Adam Grant expõe no seu livro "Dar e Receber" sobre a essência poderosa do compartilhar. Segundo ele, o nosso sucesso depende muito de como promovemos nossas interações com outras pessoas. Em seu livro, demonstra também que de acordo com uma série de estudos pioneiros, realizada nos últimos 30 anos, cientistas sociais descobriram que as pessoas são muito diferentes em suas preferências por reciprocidade.

Ou seja, podem se comportar de diferentes formas quando o assunto é a combinação de quanto desejam tomar para si e quanto desejam doar dentro de seus relacionamentos. E para lançar luz sobre isso Grant apresenta três tipos de pessoas: os tomadores, os compensadores e os doadores.

Os tomadores tem uma característica inconfundível: gostam mais de receber do que dar. Fazem o compartilhar pender mais para o seu lado, colocando os seus interesses a frente das necessidades dos outros. Os compensadores operam sob o princípio da equidade, eles acreditam no "isto por aquilo", no "toma-lá dá cá", e seus relacionamentos são regidos por troca de favores. Já os doadores tem em seu coração o compartilhar, sempre pendem a reciprocidade na direção dos outros, preferindo dar mais que receber, e por isso tendem a serem mais prósperos e felizes do que os demais citados. Algo que a Bíblia nos ensina a fazer:

"A quem dá liberalmente, ainda se lhe acrescenta mais e mais; ao que retém mais do que é justo, ser-lhe-á em pura perda. A alma generosa prosperará, e quem dá a beber será dessedentado".

Provérbios 11:24-25

Quanto mais eu estudo e leio sobre o assunto, mais encontro sentido nisso. Deus nos fez para que vivêssemos em sociedade e produzíssemos o bem a todos, e este bem, move uma força invisível que irá trazer-nos a abundância de que precisamos. A chave está no compartilhar e conheço uma história super interessante que bem ilustra o poder do compartilhar:

O milho bom

Todo ano ele entrava com seu milho na feira e ganhava o maior prêmio. Certa vez, um repórter ao entrevistá-lo aprendeu algo muito interessante sobre como ele cultivava seu milho. Ele descobriu que o fazendeiro compartilhava as sementes do seu melhor milho com seus vizinhos. Intrigado, o repórter o perguntou o porquê fazia isso, já que eles eram seus concorrentes.

Sem demora o fazendeiro respondeu: "O vento apanha o pólen do milho maduro e o leva de campo para campo. Se meus vizinhos cultivarem milho inferior, a polinização degradará continuamente a qualidade de meu milho. Para que eu possa cultivar milho bom, eu tenho de ajudar os meus vizinhos a cultivar milho bom também."

Aquele homem simples estava atendo à conectividade da vida. O milho dele não podia melhorar a menos que o milho do vizinho também melhorasse. Assim, é também em outras dimensões da vida. Aqueles que escolherem a paz devem fazer com que seus vizinhos também estejam em paz. Aqueles que querem viver bem, têm de promover o bem de outros. E aqueles que querem ser felizes, têm de ajudar os outros a encontrarem a felicidade, pois o bem-estar de cada um está ligado ao bem-estar de todos. Esta é a lição para cada um de nós: se formos cultivar milho bom, temos de ajudar nossos vizinhos a cultivar milho bom.

Descubra agora e comece praticar a arte do compartilhar, dessa forma começará a colher as coisas boas e elas o beneficiarão. Se o seu amigo estiver satisfeito e feliz, sua felicidade acabará te alcançando e compartilharemos desta satisfação. Se a sociedade em que vivemos gozar de perfeita harmonia, com certeza seremos contagiados por essa harmonia que a todos envolve. Esta é a lei da externalidade, é o conceito contagio social. Se você está no terceiro ano, seja bem-vindo ao tempo do compartilhar.

Quarto Ano de um ciclo

Os desafios são bons para o crescimento, ainda mais quando os enfrentamos continuamente. Basicamente, é inevitável que nos deparemos com diversas dificuldades, problemas e desapontamentos, além das adversidades e derrotas temporárias. Tudo isso faz parte do pacote que chamamos "ser humano". Mas, nossa resposta a tudo isso sinalizará a força de vontade de vencer e superar desafios, pois a vida não favorece os fracos.

Muito da sua capacidade de atingir o crescimento, está relacionada à forma com que você encara os desafios e as oportunidades que a vida oferece.

Se observarmos as pessoas bem-sucedidas neste mundo encontraremos entre elas três coisas em comum: motivação, capacidade e oportunidade. No entanto, também veremos que essas características são fruto de uma combinação de: trabalho diligente, talento e perseverança.

O Ano de novas Oportunidades

"A oportunidade é perdida pela maioria das pessoas porque ela vem vestida de macacões e se parece com trabalho."

Thomas Edison

Depois de aprender, trabalhar e semear, chegou a hora de ver os frutos aparecerem, chegou o tempo de começar a colher algum resultado, seja na vida familiar, trabalho, igreja ou negócios. Entramos no quarto ano, o ano das oportunidades e se tem algo que é triste na vida de uma pessoa, é perder uma grande oportunidade.

Eu li um artigo de um filósofo falando sobre oportunidades e achei interessante, ele diz: *"É melhor estar preparado para uma oportunidade e não ter nenhuma, do que ter uma oportunidade e não estar preparado para ela"*. Quantas pessoas que perderam uma tremenda oportunidade em algumas áreas da vida e dariam tudo para ter uma segunda chance! Jesus conta uma parábola que fala sobre esta segunda chance, ou acerca desta nova oportunidade.

"Então, Jesus proferiu a seguinte parábola: Certo homem tinha uma figueira plantada na sua vinha e, vindo procurar fruto nela, não achou. Pelo que disse ao viticultor: Há três anos venho procurar fruto nesta figueira e não acho; podes cortá-la; para que está

ela ainda ocupando inutilmente a terra? Ele, porém, respondeu: Senhor, deixa-a ainda este ano, até que eu escave ao redor dela e lhe ponha estrume. Se vier a dar fruto, bem está; se não, mandarás cortá-la".

Lucas 13:6-9

Jesus através dessa parábola nós traz a expectativa de Deus a respeito do homem. Já era o terceiro ano que a figueira não produzia nada, por isso ele mandou seu jardineiro cortá-la. A figueira estava apenas sugando a vida do solo, sem produzir nada de bom. Podemos espelhar esta figueira com o homem. Deus sempre espera do homem algum fruto. Estamos aprendendo a contar os anos dentro de um ciclo, e aqui é claro, que aquele que não aprende, trabalha e compartilha, pode entrar num ciclo de derrota por não gerar nada.

Mas na parábola, relata que havia um viticultor, aquele que era responsável pelo cuidado desta figueira, e que este pediu mais um ano ao dono da vinha. Ele iria adubar a figueira e cuidar bem dela, para que desse fruto. Se, mesmo assim, a figueira não produzisse nada dentro de um ano, seria cortada.

Aqui percebemos que aquela árvore não era apenas inútil e estéril, mas causava prejuízo, pois ocupava o espaço no solo que poderia ser utilizado de uma forma melhor, e também suas raízes absorviam os nutrientes da terra prejudicando as demais plantas que estavam ao seu redor.

Existe aqui um significado simbólico nesta parábola, repare bem, era uma figueira plantada em uma vinha. Tanto a videira quanto a figueira, tinham um papel importante para os judeus, de modo que no Antigo Testamento várias vezes a prosperidade de Israel ou sua reprovação foi indicada com referências à essas árvores.

"Judá e Israel habitavam confiados, cada um debaixo da sua videira e debaixo da sua figueira, desde Dã até Berseba, todos os dias de Salomão".

1 Reis 4:25

Assim, podemos entender que a figueira plantada em uma vinha é uma figura de posição privilegiada. No entanto, esse privilégio também trouxe responsabilidade. A Figueira simboliza biblicamente: prosperidade, abundância, fecundidade e paz. Já a videira simboliza vida e alegria. Podemos assim dizer que Deus nos deu vida e alegria, e espera de nós um crescimento que vai convergir em fecundidade, prosperidade e paz.

E é no quarto ano que termos a oportunidade de revelar isso plenamente. Mas observe bem que se no terceiro ano você não der frutos e compartilhar, no quarto será sua última oportunidade. Pois se assim não fizer entrará em um ciclo, que chamamos ciclo de derrota. A falta de figos na figueira simbolizava a reprovação de Deus e seu juízo iminente: se não produzisse fruto a figueira seria cortada.

"Em ti esperam os olhos de todos, e tu, a seu tempo, lhes dás o alimento".

Salmos 145:15

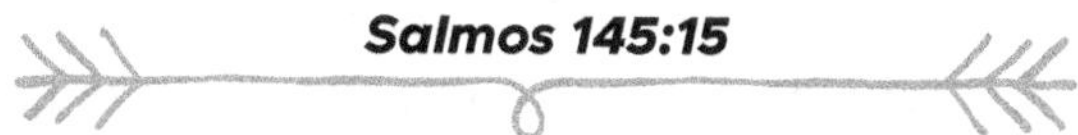

Essa parábola também nos mostra uma importante verdade, pois se um simples homem se importou com a figueira estéril de tal modo que se comprometeu a trabalhar nela por mais um ano, assim também Deus se importa com o homem e se mostra magnânimo e paciente. Porém, sua paciência tem um tempo limite, e este limite é o quarto ano. Veja:

"Quando entrardes na terra e plantardes toda sorte de árvore de comer, ser-vos-á vedado o seu fruto; três anos vos será vedado; dele não se comerá. Porém, no quarto ano, todo o seu fruto será santo, será oferta de louvores ao SENHOR".

Levítico 19: 23-24

Em Levítico vemos uma ordenança de Deus de que os frutos do quarto ano fossem ofertados ao Senhor. Deus espera algo de nós no quarto ano: frutos. Se trouxermos isso para o nosso contexto é o mesmo que dizer que toda oportunidade que se abrirá na sua vida no quarto ano, todo fruto que vier em suas mãos, precisará redundar em glória a Deus, dando-Lhe o que pertence somente a Ele.

Assim também podemos concluir que caso as oportunidades ou frutos gerados, nos afastem de Deus, é sinal que deixaram de ser frutos santos e se tornaram malignos, comprometendo a colheita do ano seguinte, o quinto ano do ciclo.

Como podemos ver, a parábola da figueira termina e nada mais é mencionado, não sabemos se a figueira plantada em uma vinha finalmente produziu o seu fruto no quarto ano e alegrou o seu dono, ou se foi cortada e lançada ao fogo. Caso é, que Jesus propôs que cada um analise sua própria vida e perceba se é uma figueira estéril ou frutífera.

"Ele é como árvore plantada junto a corrente de águas, que, no devido tempo, dá o seu fruto, e cuja folhagem não murcha; e tudo quanto ele faz será bem-sucedido."

Salmos 1:3

A Oportunidade

Quando conseguimos discernir os tempos, fica mais claro para nós o momento certo de tomar uma atitude proativa em relação aquilo que desejamos. Por isso, gostaria de contar um testemunho do Daniel, um de nossos discípulos, uma pessoa muito prestativa e obediente que soube o tomar a atitude certa no tempo certo. Tudo aconteceu em um período que estávamos vivendo um momento muito poderoso como igreja, estávamos no quarto ano de um ciclo, grandes oportunidades estavam se abrindo para nós e por consequência para nossos discípulos também.

Nosso discípulo Daniel, durante muitos anos, tinha um desejo em seu coração de viajar aos Estados Unidos, havia tentado tirar o visto umas cinco vezes, e em todas elas lhe foi negado. Em uma dessas vezes, ele estava com sua esposa e após o constrangimento de uma outra negativa, eles tiveram um sentimento muito forte de rejeição. Por isso, a partir daquele momento ele arrancou de seu coração a esperança de um dia poder viajar com toda a sua família aos Estados Unidos. No entanto, em uma outra oportunidade, logo após um culto, estávamos conversando sobre viagens e tocamos no assunto de irmos juntos aos Estados Unidos. Ele, entristecido me contou a história de suas tentativas e negativas em relação ao visto.

Naquele tempo eu tinha uma série de mensagens que Deus havia me dado sobre "Saques e Depósitos no Céu", que mais tarde acabaram se transformando em um livro que eu o aconselho a adquirir, se debruçar sobre ele e ver sua vida dar uma reviravolta. Mas voltando a história, eu perguntei para ele: "Daniel você quer ir muito mesmo aos Estados Unidos?" Ao que ele me respondeu positivamente. Então tornei a perguntar-lhe: "Quanto valeria pra você tirar este visto?" Ele disse: "Muito!". Então, eu lhe disse: "Prepare uma oferta do quanto valeria pra você esse visto e vamos sacar do céu esse milagre, que aos olhos humanos é impossível!".

Assim, Daniel preparou sua oferta e oramos. O desafiei a tentar tirar o visto pela sexta vez e como era muito obediente, obedeceu. Na mesma semana ele marcou a entrevista no consulado americano para a sexta tentativa de tirar o visto, só que agora ele estava debaixo de uma palavra, amparado com uma oferta, fortalecido pela oração, e o melhor, no Ano da Oportunidade.

Durante a entrevista, o cônsul olhou para ele e disse: "Você quer ir muito aos Estados Unidos, não é? Essa já é a sua sexta tentativa". Ele disse que sim, que queria muito. Então o cônsul lhe respondeu: "Então, seja bem-vindo aos Estados Unidos!". Naquele dia o improvável aconteceu, Daniel recebeu o visto de dez anos. Eu me lembro dele me ligar assim que saiu da embaixada americana, muito eufórico, dando glórias a Deus pela benção recebida, nós nos alegramos muito e depois desse dia, viajamos muitas vezes juntos aos Estados Unidos.

Você que está lendo pode até dizer que foi sorte, mas eu digo que não foi sorte, foi Deus! O Daniel estava no ano certo, no momento certo, com a atitude certa, debaixo de uma oferta e com uma palavra profética, com todos estes elementos o milagre é inevitável.

No quarto ano, novas oportunidades se abrirão, e para isso seja receptivo, responda bem ao que vier. Se a oportunidade vier em forma de desafios, aceite! Se vier em forma de confronto, receba! Tenha um coração bom para enxergar o que precisa mudar, ouvir o que precisa ser transformado e fazer o que precisa ser feito.

Vale tudo para vivermos o melhor ciclo de nossas vidas. O quarto ano de um ciclo, é um ano cheio de oportunidades, tenha o discernimento para enxergar as oportunidades que vem de Deus e aquelas que podem potencialmente afastá-lo Dele.

Quinto Ano de um ciclo

Deus estabeleceu muitas leis. E uma lei é na verdade uma fotografia da realidade. É uma descrição de como as coisas funcionam. Um exemplo disso, é a lei da gravidade, ela descreve como os objetos se comportam no planeta terra.

Aqui, quando você solta um objeto ele inevitavelmente cai, pois tudo que sobe tem que descer, essa é a lei da gravidade de Newton.

Mas quando falamos de mundo espiritual, a Bíblia está cheia destas leis. Uma lei que estamos muito familiarizados, é a lei da colheita. Você colherá o que plantar, sejam coisas boas ou ruins. É inevitável a colheita, Jesus exemplifica isso na parábola do joio e trigo, conforme mencionamos anteriormente.

Do mesmo modo existe as leis morais de Deus. Estas leis encontramos no Pentateuco (os cinco primeiros livros da Bíblia), elas não são uma lista de regras arbitrárias, e sim, uma descrição de uma realidade espiritual. Eu gosto muito de como o Chuck Pierce fala sobre isso em seu livro *É tempo de Prosperar*.

Ele diz que: *"A Lei de Deus é um retrato de como Deus é, e tumbém é uma janela para o seu coração."* As leis morais de Deus revelam os limites entre aquilo que O agrada e o que O desagrada. Assim, quando você vive de uma maneira que agrada a Deus, você permanece dentro dos seus limites e experimenta o favor e a bênção Dele.

O quinto ano de um ciclo é bem isso, quando olhamos para a lei, encontramos uma determinação de Deus que libera um favor. Veja o que a Bíblia diz sobre:

"Porém, no quarto ano, todo o seu fruto será santo, será oferta de louvores ao SENHOR. No quinto ano, comereis fruto dela para que vos faça aumentar a sua produção. Eu sou o SENHOR, vosso Deus".

Levítico 19:24-25

O Ano do Romper de Deus

"Tudo o que fazemos produz efeito, causa algum impacto."

Dalai Lama

De forma bem clara, o quinto ano define na sua vida uma virada, um romper. Repare bem o texto, e olhe a sua afirmação: *"No quinto ano, comereis fruto dela para que vos faça aumentar a sua produção. Eu sou o SENHOR, vosso Deus."* Deus aqui afirma que, toda a oportunidade que se abriu no quarto ano, tudo que você gerou, será como um combustível para levá-lo mais longe, mais alto, para produzir um crescimento exponencial em sua vida no quinto ano.

"O menor virá a ser mil, e o mínimo, uma nação forte; eu, o SENHOR, a seu tempo farei isso prontamente".

Isaías 60:22

Quando olho para trás, eu me lembro do ciclo passado em meu ministério individual. Eu havia me casado em julho 1999, o meu casamento foi um marco na minha vida. Eu me lembro que os dois primeiros anos foram muito difíceis, já no terceiro ano me encontrei ministerialmente, trabalhando com os jovens da igreja que fazia parte.

Eu e minha esposa, sempre fomos muito dedicados e obedientes a nossa líder. E quando chegamos no quinto ano do ciclo, experimentamos um romper, um crescimento explosivo, de 30 jovens que tínhamos em 2002, saltamos para mais de 1000 jovens em 2004. E o que falar das bênçãos financeiras. Mas o último ciclo que vivi, me fez ver e entender que Deus nos leva sempre ao crescimento, a cada ciclo vivido algo novo a conquistar.

Agora já não éramos líderes de jovens de uma igreja, e sim os pastores fundadores de um ministério. Em 2008 começamos o Ministério Braço Forte do Senhor. E como já sabem os primeiros anos não foram fáceis. Tivemos que aprender a ser pastores de igreja e não pastores de equipe, o que é totalmente diferente. No segundo ano, tivemos muito trabalho e pouco resultado, muita dificuldade e aflição, mas permanecemos firmes.

No terceiro ano começamos a dar fruto, a igreja começou a crescer, mas de forma tímida. Nossos discípulos estavam mais comprometidos e aliançados conosco e continuamos focados no trabalho. No quarto ano se abriram grandes oportunidades, escrevi o meu primeiro livro, gravamos um CD de músicas da igreja, dobramos nossos cultos de sábado e domingo e comecei a receber convites para pregar em outras igrejas.

Quando completamos cinco anos de igreja em junho de 2013, eu tive um desejo muito forte de trazer um grande homem de Deus para nos abençoar, uma pessoa que eu admirava muito, por quem tinha grande respeito e gostaria que ele liberasse sobre nós uma nova unção, uma unção para prosperar e crescer.

Nessa época eu ainda não sabia como contar o tempo, eu não tinha nem noção que isso poderia ser possível, mas Deus me moveu para agir, Ele queria nos levar a um novo patamar. E como diz Mike Murdock: *"A unção que você respeita, e a unção que você atrai"*. Estávamos desejosos de uma nova unção, que nos levasse a romper em crescimento e milagres.

No livro *Saques e Depósitos* eu conto essa história com riqueza de detalhes, os desafios, as dificuldades. Mas enfim, convidamos este homem de Deus e ele aceitou o convite, foi uma noite extremamente abençoada, o honramos e ele liberou sobre nós uma bênção especial.

Literalmente aumentamos a nossa produção, crescemos como nunca neste ano, tanto como quantitativo de pessoas, como reconhecimento da igreja no Brasil e fora do Brasil, além de todos os membros do ministério viverem um tempo de grande prosperidade. A arrecadação da igreja praticamente dobrou neste ano e no quinto ano ganhamos mais de duas mil almas para Jesus. Aquele foi um tempo único. Tudo que fazíamos dava certo, o ambiente da igreja estava favorável, havia uma atmosfera de autoridade espiritual sobre nós.

No entanto, note que isso se deu depois do ato profético com o homem de Deus. No quarto ano, Deus me deu a oportunidade de mudar a minha colheita através de uma grande semeadura, ao convidar este grande homem de Deus e honrá-lo no aniversário de cinco anos da igreja, ele nos abençoou muito com a sua presença e ainda liberando uma palavra profética sobre nós, e isso se concretizou em nosso ministério.

A atitude certa no momento certo é sinal de progressão, mas a atitude certa no momento certo do agir de Deus (quinto ano) é sinal de coisas extraordinárias.

No quinto ano, o desejo de Deus é claro, Ele quer aumentar a sua produção. Por isso esteja bem atento a tudo que ele mover em seu coração. Existe uma lei crucial que precisamos entender, que é a lei da semeadura. A sua produção será aumentada se você tiver uma semente. Tudo que Deus precisa é de uma semente. Deus não pode fazer nada se você não tiver nada para ele produzir crescimento. Qualquer valor vezes zero, é zero. O romper de Deus se dá, por aquilo que você dá a Ele.

Lei da Semente

Observe um agricultor, ele planta milho, algodão, feijão, arroz e tudo mais quanto desejar. No entanto, antes de plantar a semente que deseja colher, ele prepara o solo e faz a sua semeadura de acordo com a época para o plantio de cada semente, de acordo com o ritmo da natureza.

Seu trabalho é colocar a semente no solo, mas se a semente ficar guardada, nunca produzirá uma safra, por isso seu trabalho é importante e a colheita depende da combinação do solo (tempo) com a semente (atitude). Essa é a lei! Portanto, de acordo com a quantidade e qualidade da semente, será a colheita. Vejamos algumas verdades sobre sementes espirituais:

a) Toda semente produz segundo a sua espécie

Se você semeia laranja, você nunca colherá goiaba. É preciso que você tenha bastante consciência do que quer em Deus. No quinto ano, procure definir o que deseja que Ele aumente, mas para isso semeie a semente certa. Pode ser mais de uma, pois assim terá muitas opções de crescimento.

b) A semente está no fruto

O que é produzido tem semente dentro dele. Por isso, continue fazendo e agindo de acordo com aquilo que você está produzindo. Vai ter aumento de acordo com a semente. A semente é fruto do que você produz.

c) A semente tem uma identidade

A identidade da semente é expressada através de sua escolha. Escolha o que quer colher e em cima disso dê nome a sua semente. Se a semente for boa, bem tratada, no tempo certo ela dará seu fruto. E isso se aplica na agricultura, na vida espiritual, nos relacionamentos e no trabalho.

Outro ponto importante é que Deus nunca vai dar sementes para você se alimentar delas, Ele quer aumentar a sua produção. Por isso Deus sempre ao dar sementes, também lhe dará o pão.

"Ora, aquele que dá semente ao que semeia e pão para alimento também suprirá e aumentará a vossa sementeira e multiplicará os frutos da vossa justiça, enriquecendo-vos, em tudo, para toda generosidade, a qual faz que, por nosso intermédio, sejam tributadas graças a Deus".

2 Coríntios 9:10-11

O quinto ano de um ciclo, sempre trará um romper e crescimento em sua vida, seja no trabalho, ministério, relacionamentos e finanças. Isso se você seguir firme as determinações dos anos anteriores, e não mudar os marcos. Que o seu quinto ano seja repleto de novidades e grande multiplicação.

Sexto Ano de um ciclo

"E não nos cansemos de fazer o bem, porque a seu tempo ceifaremos, se não desfalecermos".

Gálatas 6:9

Chegamos ao sexto ano de um ciclo, e os outros anos que pelo qual passamos, serviram como testes, mas não se destinavam a nos destruir, mas sim, construir dentro de nós um espírito vencedor. Este é um ano extremamente estratégico e exige muita sabedoria, pois é em cima dele que conseguimos identificar os marcos em nossa vida e assim contarmos os nossos dias.

O sexto ano é muito diferenciado dos outros, pois é neste ano que você vai ganhar muito dinheiro. Apenas uma vez a cada ciclo de sete anos é que você terá uma colheita absurda, fora do comum, e isso se torna perigoso quando não sabemos contar nossos dias. Por isso, atentemos para o que diz a lei de Deus:

"Observai os meus estatutos, guardai os meus juízos e cumpri-os; assim, habitareis seguros na terra. A terra dará o seu fruto, e comereis a fartar e nela habitareis seguros. Se disserdes: Que comeremos no ano sétimo, visto que não havemos de semear, nem colher a nossa messe? Então, eu vos darei a minha bênção no sexto ano, para que dê fruto por três anos. No oitavo ano, semeareis e comereis da colheita anterior até ao ano nono; até que venha a sua messe, comereis da antiga".

Levítico 25:18-22

O tempo da bênção chegou, Deus fez você atravessar os tempos difíceis, você passou pelo deserto, passou pelo vale e agora chegou ao monte. Cumpriu o ciclo conforme a Bíblia diz, e está pronto para desfrutar do melhor momento deste ciclo. Mas Deus quer que você saiba que, Ele estava com você, e te trouxe até aqui, ao tempo da benção tríplice. O segredo do ciclo até aqui é a perseverança e constância, e assim você colherá.

O Ano da benção Tríplice

"É melhor conseguir sabedoria do que ouro; E mais excelente, adquirir a prudência do que a prata".

Rei Salomão

Agora preste muita atenção ao texto em Levítico: "Então, eu vos darei a minha bênção no sexto ano, para que dê fruto por três anos". Este será o ano que você ganhará três vezes mais do que o normal, coisas incríveis acontecerão em sua vida financeira, será um tempo de uma colheita milagrosa, de um crescimento financeiro extraordinário, você se surpreenderá por esta grande provisão.

No entanto, preciso alertá-lo a ter cuidado, pois está em uma crescente, no quarto ano começou a prosperar, no quinto já houve um crescimento em sua vida para que no sexto haja este ápice: a bênção tríplice. Por isso, podemos acabar pensando que, de agora em diante é daí pra melhor, que viveremos um crescente, e que a mão de Deus está conosco. Aí que está o perigo! Quando não sabemos contar os anos, caímos nesta armadilha. A minha vida é testemunho disso, e eu quero alertá-lo sobre essa ilusão.

Quando cheguei ao sexto ano do ciclo passado, estávamos em 2014. Como já relatei aqui, a igreja estava voando, estávamos numa crescente, arrecadação só aumentando, para vocês terem ideia, arrecadamos em três meses mais de 7 dígitos, era descomunal o que Deus estava fazendo, e como não sabia contar os anos, eu nunca imaginei que o estaria por vir. O prédio que estávamos, já estava pequeno para nós, já éramos em torno de dois mil membros, fora os convidados que iam aos cultos. Então pensei, vamos abrir uma igreja no plano piloto, vamos começar algo revolucionário, vamos balançar a cidade e assim projetamos nossa ida, calculamos tudo, escolhemos um local estratégico, reunimos a liderança e todos toparam o desafio.

Então, no ano de 2015 inauguramos a igreja no plano piloto, e ela estava dentro de um shopping da cidade, um espaço para três mil pessoas, o local era perfeito, em abril começamos a nos reunir, vieram comigo mais de mil e duzentas pessoas, e deixamos quatrocentas em Taguatinga. Estávamos vivendo um avivamento, nossas reuniões davam mais de duas mil pessoas, a arrecadação estava conforme havíamos projetado. Eu construí um endividamento de acordo com aquilo que estava arrecadando, só que eu não imaginava que no sétimo ano tudo voltaria ao normal. Que a bênção financeira que veio sobre nós, era para suprir o sétimo ano, oitavo ano (primeiro ano de um novo ciclo) e nono ano (segundo ano de um novo ciclo), conforme está na lei de Deus.

O final disso foi, fracasso e frustação. No sétimo ano voltou tudo ao normal, o meu endividamento estava muito alto pela arrecadação que estávamos tendo, ainda mais, chegou uma crise no Brasil em 2016. Tive que recuar, sair do shopping, ir a um lugar mais barato, entre outros cortes que tivemos que fazer para reduzir custos. Foi um erro atrás de outro, um efeito cascata.

E através disso, perdemos muitos pastores que viviam da igreja, pois ficaram insatisfeitos pois tive que reduzir salários, por consequência saíram muitos membros ligados a estes pastores, praticamente fomos para a lona. Fomos, como alguns dizem "do luxo ao lixo, do topo para o chão". E como é comum acontecer, começamos a procurar culpados. Temos a tendência de procurar culpados pelo nosso insucesso, mas a culpa não era de Deus, nem das pessoas, e sim minha. Atitude errada no momento certo é igual a frustação. Eu fiquei muito abalado com tudo isso, mergulhei em Deus para tentar descobrir o porquê de tudo, foi aí que aprendi a contar meus dias e por isso compartilho com vocês.

O que virá para você no sexto ano de um ciclo, é para suprir o sétimo, oitavo e nono ano que virão, não se deixe iludir, quando acabar o sexto ano, essa arrecadação que você teve, vai cessar, tudo vai voltar ao normal conforme aquilo que você estava produzindo. Vai começar o desaceleramento, pois um novo ciclo em breve irá começar e você terá que aprender algo novo. Por isso, gostaria de dar alguns conselhos a você para o sexto ano de um ciclo:

- Não tome decisões importantes em um momento de grande prosperidade;

- Não aumente a sua projeção financeira em cima do que arrecadou no sexto ano;

- Mantenha seus gastos projetados pelo quinto ano;

- Procure não se endividar, controle seus recursos;

- Não levante uma estrutura no ponto que você numa crise não consiga sustentar;

- Procure aumentar o patrimônio, ao invés de aumentar sua estrutura, pois se precisar de um folego você terá aonde recorrer;

- Busque conselhos antes de tomar decisões.

Mas se você fez como eu, não sabia contar os anos e acabou fazendo tudo ao contrario daquilo que escrevi, não se preocupe, levante a cabeça e comece de novo. Você tem agora uma vantagem, você sabe o que vai fazer quando chegar de novo no sexto ano de um ciclo. Aproveite para buscar a Deus, pedir a Ele força no tempo da angústia, lançando sobre ele toda a sua ansiedade, pedindo sabedoria para o tempo presente. Pois, é certo que Deus cuidará de você.

"Humilhai-vos, portanto, sob a poderosa mão de Deus, para que ele, em tempo oportuno, vos exalte, lançando sobre ele toda a vossa ansiedade, porque ele tem cuidado de vós"

1 Pedro 5:6-7

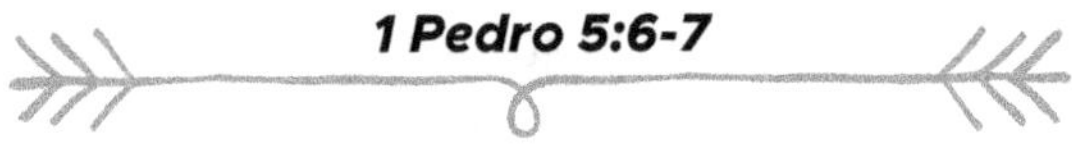

Mas como aproveitar o máximo este ano tão diferenciado? Mantenha seus gastos compatíveis com o quinto ano. Tudo que você arrecadar no sexto ano, deve ser administrado com prudência, economize ou invista em patrimônio, mas não faça novas dívidas, pois no sétimo ano, os seus gastos voltarão ao patamar do quinto ano ou do quarto ano.

Lembre-se que esta bênção extraordinária do sexto ano é destinada para suprir os próximos três anos que virão, isso acontece apenas "uma vez" a cada ciclo de sete anos. Por isso e imprescindível ter equilíbrio e sabedoria. Assim quando você entrar no primeiro ano de um novo ciclo, você terá recursos para se manter e poderá projetar seus planos a partir do segundo ano de um novo ciclo e assim aumentar sua estrutura com sabedoria.

Sétimo Ano de um ciclo

Deus é um pai generoso, e deseja que seus filhos desfrutem de suas bênçãos. Assim como Deus criou o mundo em seis dias e no sétimo descansou, Ele também exige, além do descanso semanal sabático, um ano inteiro de consagração para lembrar o dia da criação.

Essas ações demonstram o tamanho de sua confiança e compreensão acerca do cuidado de Deus. Deixar de trabalhar e ganhar o sustento uma vez por semana já é uma boa prova dessa confiança. Fazer isso durante um ano, então, é extraordinário, é não temer, confiar em Deus para sobreviver e é isso que Ele quer: uma confiança total n'Ele por parte do homem.

"E, havendo Deus terminado no dia sétimo a sua obra, que fizera, descansou nesse dia de toda a sua obra que tinha feito. E abençoou Deus o dia sétimo e o santificou; porque nele descansou de toda a obra que, como Criador, fizera".

Gênesis 2:2-3

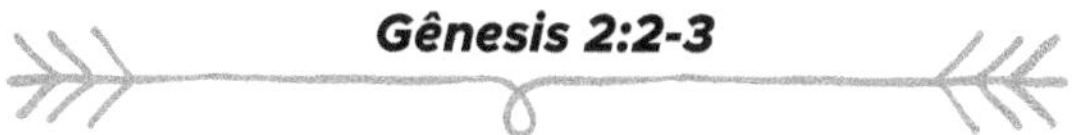

O ano do Descanso

"Mas o que me der ouvidos habitará seguramente, e estará descansado do temor do mal."

Jesus Cristo

O sétimo ano de um ciclo, é um ano de descanso, um ano sabático, os judeus o chamam de Shemitá. A palavra hebraica "Shemitá" significa "deixar livre" ou "retirar-se". Assim como Deus determinou o descanso semanal que é o sábado, a terra também tem o seu sábado, seis anos são para a semeadura, mas o sétimo ano é de descanso.

O Shemitá é fundamental para adquirirmos uma mentalidade de prosperidade.

"Se disserdes: Que comeremos no ano sétimo, visto que não havemos de semear, nem colher a nossa messe? Então, eu vos darei a minha bênção no sexto ano, para que dê fruto por três anos. No oitavo ano, semeareis e comereis da colheita anterior até ao ano nono; até que venha a sua messe, comereis da antiga".

Levítico 25:20-22

Deus tem compromisso com aqueles que entendem suas determinações. Aqui ele fala de uma satisfação física e financeira. Que mesmo sem trabalhar, nós teríamos o suficiente para nos mantermos não apenas no sétimo ano, mas também no primeiro e segundo ano de um novo ciclo. Esta é uma promessa de multiplicação e cuidado.

Vamos falar um pouquinho do que é o Shemitá para os judeus. O Shemitá começa em Rosh Hashana e termina antes do próximo Rosh Hashana no ano seguinte. Rosh Hashana é a virada do ano judaico. Nesse período um lavrador judeu não pode realizar nenhuma tarefa em relação ao solo, a não ser cuidados mínimos.

Compartilhar

Os frutos desse ano são sagrados e o agricultor não pode colhê-los todos para si, mesmo que vejam suas árvores florescerem e darem muitos frutos, porque esses frutos pertencem a Deus e não ao dono da lavoura. Há também uma ordenança para que tudo seja compartilhado igualmente entre todos. Qualquer judeu que queira, pode colher alguns frutos para si, a quantidade necessária para o dia e o proprietário não pode impedi-los.

Perdoar

No ano do Shemitá também existe perdão das dívidas (Levítico 25: 25-55). Um judeu que comprou ou emprestou dinheiro a outro não pode exigir sua devolução para além do ano sabático. Toda e qualquer cobrança deverá ser feita nos sete anos que antecedem o período, pois terminado esse prazo, caso não consiga quitar, estará perdoado. Isso evita que um cresça mais do que o outro.

Refletir

Há também o juízo de Deus no fim do Shemitá. Eu li um artigo muito interessante sobre o juízo de Deus a cada fim de um Shemitá em Israel. Os sábios judeus, vem falando constantemente sobre o juízo de Deus contra as nações. Eles provam em seus estudos que em todos os finais de anos de Shemitá sempre ocorre um juízo.

Um dos exemplos clássicos foi a destruição das torres Gêmeas no dia 11 de setembro, exatamente em um dos finais de anos de Shemitá. A queda da Bolsa de Valores, a derrota de Hitler na Segunda Guerra, queda de asteroides, queda de impérios e muitos outros acontecimentos relevantes na história da humanidade e que foram previstos por esse rabino, aconteceram exatamente em finais de anos sabáticos.

Imergir

Tirando a curiosidade do Shemitá para os judeus, e trazendo o assunto para nós ocidentais, a cada final de um ciclo de sete anos, Deus espera que venhamos a nos conectar conosco mesmos. É pra ser um tempo de total imersão em nossos valores e conceitos, olhar para dentro de nós e buscar o perdão e a paz diante de Deus. Enxergar onde erramos e corrigir, para que entremos no novo ciclo limpos de coração e cheios de esperança para um novo tempo.

O Shemitá é um tempo de reflexão e projeção para o novo ciclo que irá começar. Tem uma frase de Walt Disney que gosto muito, que diz: "Hoje já não durmo para descansar, durmo para sonhar." Este tem que ser o efeito do sétimo ano em nossa vida, sonhar e começar a projetar o novo ciclo.

No sétimo ano tudo irá voltar ao normal, aquele aceleramento que teve no quinto ano, começa a perder força no sétimo. Eu te digo por experiência própria, no meu sexto ano, tudo voltou ao normal, e eu tinha construído um gigante que não dava mais conta de sustentar.

Por não saber contar os anos, eu entrei em desespero, era para ser um ano de descanso, mas para mim foi um ano de angústia e aflição, eu não conseguia descansar, eu não parava de pensar de como eu fui imprudente com tudo aquilo que Deus tinha me dado. Como eu desejei voltar no tempo.

Para mim, restou apenas clamar por misericórdia e encarar tudo que viria com muita fé, coragem e esperança. Eu aprendi a contar o tempo no oitavo ano (primeiro ano de um ciclo), foi quando eu entendi que Deus estabeleceu um padrão para todos, e aqueles que conseguissem viver de acordo com isso serão abençoados.

Hoje escrevendo este livro, estou no começo do quinto ano do ciclo, e tudo está voltando como no ciclo passado. Já estamos vivendo um romper de Deus, parece mágico isso, mas é Deus fazendo tudo no seu tempo determinado, conforme nos ensinam as Escrituras:

"Tudo tem o seu tempo determinado, e há tempo para todo propósito debaixo do céu."

Eclesiastes 3:1

Se você está no sétimo ano agora, o propósito do tempo é: descanse e desfrute em Deus, pois um novo ciclo estará começando em breve e você terá que começar tudo de novo: Aprender, Trabalhar, Compartilhar, Agir, Romper e ser Abençoado três vezes mais, para depois Descansar.

É um ciclo bem justo, não acha? Este é o padrão, este é o tempo determinado, o ciclo de Deus para o homem. Acredite em mim, não conseguimos voltar no tempo, mas conseguimos contá-lo, e assim viver cheios de esperança para com o que Deus irá fazer. Creia nisso!

"Se dispuseres o coração e estenderes as mãos para Deus; se lançares para longe a iniqüidade da tua mão e não permitires habitar na tua tenda a injustiça, então, levantarás o rosto sem mácula, estarás seguro e não temerás. Pois te esquecerás dos teus sofrimentos e deles só terás lembrança como de águas que passaram. A tua vida será mais clara que o meio-dia; ainda que lhe haja trevas, serão como a manhã. Sentir-te-ás seguro, porque haverá esperança; olharás em derredor e dormirás tranqüilo. Deitar-te-ás, e ninguém te espantará; e muitos procurarão obter o teu favor".

Jó 11:13-19

CAPÍTULO 11

DECODIFICANDO AS FASES E AS ESTAÇÕES

O desenvolvimento humano é um processo de muitas mudanças, pois a vida é dinâmica. Dentro do processo de desenvolvimento, conseguimos dividir a vida de uma pessoa em sete fases: nascimento, infância, adolescência, juventude, fase adulta, velhice e morte. E nesse ciclo de sete fases, é natural o desejo por novas experiências, o interesse por independência e o anseio por novos relacionamentos além do núcleo familiar.

Essas etapas, porém, são vividas por cada pessoa dentro do seu ciclo de vida individual e coletivo. Duas destas fases não conseguimos ter o domínio, os quais são nascimento e morte. Mas as outras cinco o ser humano tem total controle. Embora estas tenham uma divisão, podem se misturar ou ser diferentes no aspecto cronológico de cada um.

Precisamos entender que é inevitável a associação das fases da vida, com os ciclos da maturidade e as estações. Vou explicar melhor essa teoria. Sabemos que a cada ciclo de sete anos se cumpre um período na vida do homem de acordo com os padrões bíblicos, então dentro deste ciclo de sete anos, vamos viver o ciclo da maturidade que são: deserto, vale e monte.

Estou certo que você assim como eu já cantou músicas, ouviu pregações sobre o cristão no deserto, no vale e no monte, mas será que sabemos como isso acontece? Quando é que eu sei que estou no deserto, no vale ou no monte?

Já estudamos isso nos capítulos anteriores, por isso só vou decodificar isso dentro do ciclo de sete anos. E preciso dividir os sete anos por três ciclos da maturidade, isso vai dar mais ou menos, dois anos e 4 meses, para cada ciclo da maturidade, mas é claro que este cálculo pode variar muito de acordo com o processo de cada um, mas a minha intenção aqui e mostrar a você que isso faz todo sentido quando associamos.

Tempo de Deserto dentro do ciclo

Então os dois primeiros anos dentro do ciclo de sete anos, serão de deserto na vida de uma pessoa. Deserto é lugar onde aprendemos a ter novos pensamentos, para gerar novos sentimentos, e gerar novas atitudes e assim ter hábitos novos que vão denunciar uma nova maturidade. Não existe deserto fora dos dois primeiros anos.

Sabemos que os dois primeiros anos são de aprendizado e muito trabalho. Não existe colheita no deserto! O que existe é a provisão que vem de Deus, como podemos ver com Moises no deserto onde o maná caia do céu, da rocha saia água, as vestimentas não envelheciam... Deus te dará o necessário para atravessar o deserto. Assim passaremos para o outro degrau da maturidade que é o Vale.

Tempo de Vale dentro do ciclo

O vale na vida de uma pessoa, tem como objetivo mostrar se este vai obedecer a tudo aquilo que aprendeu e trabalhou no deserto. Então os próximos dois anos, serão como uma prova, um teste de obediência e perseverança a tudo que está sendo proposto a nós nestes dois anos.

Nesse período já podemos ver o começo dos frutos, mas estes terão que cumprir o seu desígnio. Os frutos terão que ser compartilhados, será um tempo de servir, de compartilhar, para que novas oportunidades possam surgir. É tempo de profetizar o que deseja colher no monte. Depois que passarmos pelo Vale e sermos aprovados nele, Deus irá nos levar para o último degrau que é o monte.

Tempo de Monte dentro do ciclo

O monte é a melhor fase na vida de uma pessoa, tudo neste período dá certo, os frutos são evidentes e abundantes. Você passou aprovado pelo deserto e pelo vale, então a sua recompensa está no monte. No monte é a hora de usufruir da sua fidelidade e perseverança.

Este é o momento ápice, há um romper e uma bênção triplicada junto com descanso. No monte é o lugar de levantar altares ao Senhor, de dar Glória ao seu nome. Você terá três anos para usufruir deste momento único como premiação pela sua fidelidade.

O tempo do monte é mais longo que o tempo de deserto e do vale. Mas assim que terminar o ciclo, tudo vai começar de novo. Como você pode ver, é um casamento perfeito entre os ciclos da maturidade com o ciclo de sete anos. E quando começar o novo ciclo, você precisará de novas expertises para um novo tempo que chegará, pois Deus o levará a um nível acima.

"E disse Deus: haja luminares no firmamento do céu, para fazerem separação entre o dia e a noite; sejam eles para sinais e para estações, e para dias e anos."

Gênesis. 1:14

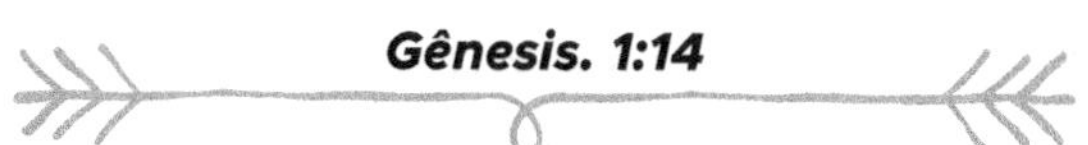

É importante saber também que os ciclos da maturidade se misturam com as fases e as estações da vida de um homem. As estações de nossa vida, possuem um paralelo com as estações da natureza, existe um paralelo direto do físico com o espiritual. É possível sentir as mesmas sensações quando conseguimos enxergá-las dentro do ciclo de sete anos.

As fases da vida são sete, os ciclos da maturidade são três, e as estações são quatro. As estações de forma bem clara serão distribuídas no ciclo de sete anos, já as fases da vida podem também ser divididas por septénios, de 0 a 7, infância, de 8 a 14, adolescência, de 15 a 21, juventude, até surgir um marco, para que a contagem seja mais assertiva.

Deus precisa das estações para nos moldar.

Na natureza elas servem para preparar o solo e os frutos. A procriação das espécies e o amadurecimento dependem delas. Em nossa vida espiritual elas exercem papel igualmente decisivo. Tal como o inverno, a primavera, o verão e o outono, há estações especificas na vida do homem, que indicam o momento correto de tomar certas atitudes e elas se unem ao ciclo do tempo de sete anos. Perceba a semelhança entre as quatro estações do ano e as fases do ciclo de sete anos.

As estações na vida de uma pessoa serão divididas pelo ciclo de sete anos. Ficaria mais ou menos assim: um ano e sete meses para cada estação. Quando fazemos isso, faz todo sentido as sensações das estações em nossa vida. É imperativo fazer a coisa certa na estação adequada. O uso de um casaco de pele durante o verão pode parecer elegante, mas é totalmente inadequado.

O uso das **estratégias corretas,** influencia nosso avanço rumo à maturidade. Não basta fazer a coisa certa. É importante fazer a coisa certa na estação adequada. Pense bem no que poderia ter acontecido se Ester tivesse revelado sua origem ao rei Assuero fora do tempo certo (Ester 2:17). Possivelmente ela não seria coroada rainha.

E caso ela não fosse coroada por sua origem, jamais estaria em condições de interceder pelo povo judeu diante do rei. Mas Ester esperou pelo momento certo, pela estação correta, e assim pavimentou seu caminho em direção a estrada do êxito, e pôde ser usada para abençoar seu povo.

"Até a cegonha no céu conhece os seus tempos determinados; e a rola, a andorinha, e o grou observam o tempo da sua arribação; mas o meu povo não conhece a ordenança do Senhor."

Jeremias 8:7

Algumas verdades sobre as estações:

Cada estação tem um começo e fim. As estações sempre vêm em sequência e devem ser gerenciadas com eficiência para se obter uma colheita abundante. Os resultados significativos vêm quando aprendemos administrar bem cada uma das estações em nossas vidas.

Lembre-se que todos, sem exceção, estão sujeitos ao mesmo conjunto de regras que cada estação traz, mas nem todas as pessoas gerenciam cada estação com a mesma eficiência. Por isso é preciso considerar as quatro estações e obter discernimento para determinar direções e decisões. Vamos compreender melhor isso:

Vivendo o inverno

O inverno na vida de uma pessoa se dá no primeiro ano até o final do segundo ano de um ciclo. Quando fazemos o paralelo do natural com o espiritual, encontramos as características do inverno no ciclo vivido nestes dois primeiros anos. O inverno é uma estação fria e de dias mais escuros.

Essa estação tem relação com tempos de aprendizado, espera e reparo interno associado ao desacelerar. O inverno é a estação do planejamento. Para os imprudentes o inverno é a estação de hibernar. Mas para os bem-sucedidos, o inverno é tempo de pensar na colheita que virá, é a hora de ter novas ideias, rever os sonhos, estabelecer novos objetivos e fazer planos a serem seguidos nas próximas estações.

No inverno é quando crescemos para baixo, quando nossas raízes são fortalecidas naquilo que estamos construindo. Sabiamente devemos aproveitar a estação para buscar estratégias de plantio para a estação seguinte. Muita coisa pode parecer morta nesta estação, mas não está, é apenas uma sensação oriunda do inverno.

Quando olhamos para Ester na Bíblia, vemos que ela passou por um longo inverno antes de Deus elevá-la à condição de rainha da Pérsia. O inverno a preparou, e ela sabia exatamente o que seu povo precisava. No inverno se prepare e comece a trabalhar sobre aquilo que projetou.

Vivendo a primavera

A primavera se dá no final do segundo ano até o começo do quarto ano de um ciclo. Com esta associação podemos ver claramente a primavera chegando nesta fase do ciclo. Começam a florescer as coisas e novas oportunidade começam a surgir. A primavera é regada de beleza que alavanca nossa fé. Existe revitalização e reflorescimento.

Eu gosto muito da colocação de Jonh Maxwell sobre este período. Ele diz que a pessoa malsucedida pega a "febre da primavera". É a época dos sonhos tolos e de longos cochilos após almoço. Mas a pessoa bem-sucedida sabe que a primavera é o melhor momento para plantar as ideias que teve durante o inverno. É hora de lançar sementes e pagar o preço pelo resultado de sucesso que virá.

É uma estação de semear e colher seus frutos. Nela compartilhamos a alegria que a primavera traz com todos ao nosso redor. É o momento que a vida floresce, nossa esperança é renovada e os sonhos e objetivos se tornam mais claros.

Os dias na primavera são naturalmente mais claros e por isso nos aventuramos com mais facilidade nesta estação. O perfume exala e as cores se intensificam. O ânimo é recobrado e a esperança se torna mais tonificada, de maneira que já consigamos projetar uma grande colheita. A primavera é um trampolim para um futuro tão desejado, é nessa estação que novas oportunidades surgem em sua vida.

Antes de Ester ser coroada como rainha, ela teve um ano inteiro de preparo, ela semeou tempo para ficar perfeita para o rei. Neste tempo ela caiu na simpatia de Hegai, o

eunuco do rei (Ester 2:15), ao ponto de este lhe dizer como conquistar o coração do seu senhor no momento em que ela aparecesse diante dele. Na primavera comece a semear, que novas oportunidade surgirão.

Vivendo o verão

"Designou a lua para marcar as estações; o sol sabe a hora do seu ocaso."

Salmos 104:19

Chegou o verão, a estação mais alegre e vibrante. O verão na vida de uma pessoa se dá no começo do quarto ano, até o começo do sexto ano de um ciclo. O verão é um tempo de muita energia, euforia e alegria diante das realizações, é também uma estação quente e chuvosa. As oportunidades que se abriram na primavera se firmarão no verão, virá um romper que o puxará para cima. Literalmente virão chuvas de bênçãos em sua vida.

Mas para os imprudentes o verão é a estação das férias, eles deixam de trabalhar e abandonam as responsabilidades. Mas para os bem-sucedidos o verão é o momento chave para um romper, é a melhor hora para o crescimento, ele sabe que para produzir sucesso, ele precisa transpirar bastante nesta estação.

Talvez seja essa a melhor fase, pois sobram alegria e comunhão, os avanços são perceptíveis. Nessa estação o dia se torna mais logo que a noite e os frutos são colhidos e amadurecem nesta estação. É tempo de comer dos frutos e ver sua produção aumentada. O calor reaquece nossos corações e a nossa fé traz a existência aquilo que projetamos, nos sentimos realizados por estar produzindo, superando e conquistando.

Já que Ester é a personagem deste capítulo, o verão em sua vida teve início quando ela percebeu que precisava ir ao rei pedir que ele revertesse o decreto de morte aos judeus. Ela passou três dias jejuando e orando, sabia que isso poderia custar sua vida (Ester 4:15). Mas, estava no tempo certo, no lugar certo, na estação certa, diante da pessoa correta, então é inevitável o agir de Deus em favor daqueles que confiam Nele. Como é bom o verão, a estação do romper de Deus!

Vivendo o outono

O outono é a estação que sucede o verão e antecede o inverno. E a estação da concretização. O outono na vida de uma pessoa se dá entre o começo do sexto ano, até o final do sétimo de um ciclo. E um período de transição, por isso, Deus irá equipá-lo com muitos recursos, para que você não se perca nesta transição. São os outonos de nossas vidas que removem as folhas mortas.

Mas o outono dos imprudentes lhes traz o sentimento de perda e arrependimento pelas oportunidades que perdeu e pelo pouco que plantou. Contudo os fiéis veem o outono como a estação das recompensas por todo seu planejamento, semeadura, colheita e transpiração.

A gradativa redução da luz iguala a duração das noites e dos dias. As coisas começam a voltar ao normal, começa a acontecer um desaceleramento. É nessa estação que, em geral, percebemos uma certa quietude. É momento de descansar e refletir, momento de descartar o que não serve para o próximo ciclo, para a estação seguinte.

Quando observamos Ester, podemos ver de forma clara o outono em sua vida e na vida de seu povo, a celebração começou quando o rei reverteu o decreto de morte que havia contra o povo e seu tio Mordecai foi elevado a segundo em comando do reino. A festa continuou ao ponto que todos os inimigos dos judeus fossem destruídos ou se tornassem aliados.

Graças a Ester, seu povo foi elevado a uma posição de honra. Ester aprendera que a chave para tomar decisões certas era discernir com precisão cada uma das estações. Ela sabia que quando compreendesse os tempos e os ciclos, ela entenderia com mais clareza aquilo que precisava ser feito. Chegou o outono, é a hora de comemorar o resultado de sua colheita.

Ouse contar o tempo

Ouse contar o seu tempo. Usufrua das estações da vida com sabedoria. Tenha expectativa ao longo do processo do ciclo de Deus. Não deixe o inverno roubar sua esperança de ver as flores, lembre que a primavera o sucede. Semeie na primavera as sementes que deseja colher e alegre-se com as cores ao vê-las nascerem. Vibre com a intensidade do verão, colha e usufrua do seu fruto, aumente a sua produção. Permita que o outono remova os excessos e prepare-o para um novo ciclo.

Que esta leitura venha a te equipar com muito discernimento e sabedoria. Acredite, existe provisão e estratégia disponível para cada uma das estações e cada um dos ciclos. Seja sábio ao discernir a estação e o ciclo em que está. Existe **beleza** e **propósito** em cada uma delas. Que Deus abençoe sua vida e família, que Deus o leve aos lugares altos que o seu coração deseja.

Que Deus te abençoe!

CAPÍTULO 12

PERGUNTAS E RESPOSTAS

S e você não leu o livro, não vai adiantar de muita coisa estas respostas, pois você precisa entender o conceito e assim compreender o princípio de Deus sobre o tempo. Isto aqui é só um passando a limpo de tudo o que você leu e aprendeu sobre o tempo.

1 - Como eu aprendo a contar o tempo que estou vivendo agora?

Para aprender a contar o tempo de forma clara é preciso seguir o dinheiro, somente em um ano do ciclo de sete, você ganha mais que todos os outros anos, que a chamamos de bênção tríplice que se dá no sexto ano. Observe bem o texto em Levítico:

"Observai os meus estatutos, guardai os meus juízos e cumpri-os; assim, habitareis seguros na terra. A terra dará o seu fruto, e comereis a fartar e nela habitareis seguros. Se disserdes: Que comeremos no ano sétimo, visto que não havemos de semear, nem colher a nossa messe? Então, eu vos darei a minha bênção no sexto ano, **para que dê fruto por três anos.** *No oitavo ano, semeareis e comereis da colheita anterior até ao ano nono; até que venha a sua messe, comereis da antiga."*

Levítico 25:18-22

Este recurso Deus está antecipando para você, por ser constante e perseverante. E este recurso corresponde ao sétimo, oitavo e nono ano que virão. A base para isto, segundo os meus estudos e vivência se dará assim: O que você arrecadou no fechamento do quinto ano (média), será a base para a bênção tríplice. Vou explicar melhor:

Se o seu gasto mensal (média) no quinto ano de um ciclo, foi de cinco mil mensais, então Deus vai te antecipar 5.000,00 x 12(meses) x 3(anos)= 180.000,00, é isto que o texto diz. A ideia de Deus é que você não trabalhe no sétimo, e no oitavo e nono ano de um novo ciclo você tenha um bônus até você retomar o seu projeto do novo ciclo.

Identifique este ano e corra para trás em seis anos, e ache ali um marco na sua vida, seja ele: casamento, nascimento de um filho, formatura, abertura de uma empresa, ordenação ministerial, etc. A partir de então, você vai saber em que ano está e saber o que esperar dele.

"Tudo fez Deus formoso no seu devido tempo; também pôs a eternidade no coração do homem, sem que este possa descobrir as obras que Deus fez desde o princípio até ao fim".

Eclesiastes 3:11

Outra forma é tentar sentir as sensações que cada estação traz ao ano vivido, como foi visto no capítulo anterior. Assim não tem como saber de forma precisa, mais tem como ter uma previsão, encontre um marco em sua vida e veja se bate com as sensações vivenciadas das estações.

Sempre depois de um marco se iniciará o inverno, e pelas estações o inverno dura mais ou menos dois anos. Ou então pelos acontecimentos que os anos nos trazem, quando você sabe o que cada ano representa, fica mais fácil de pesquisar e ver se sua vida está tendo esses fatores.

2 - Como percebemos o início de um novo ciclo?

Você consegue perceber pela mudança de ambiente de forma clara que cada ano traz, quando se muda as estações sentimos o efeito delas, mas perceber sem saber contar se torna inútil, pois não saberá como agir, terá apenas sensações e impressões.

3 - É possível estarmos vivenciando mais de um ciclo simultaneamente?

Não, isso se torna impossível. A lei da física já diz isso: dois corpos não podem ocupar o mesmo espaço ao mesmo tempo. Como falei antes, siga o dinheiro, identifique o marco, e comece a contar.

4 - Existe a quebra de ciclos? Como ela acontece?

Sim, esta pergunta é super interessante. Se não houver constância e perseverança em sua vida, ciclos são quebrados. Exemplo: a pessoa não para em emprego algum, não consegue ter relacionamentos duradouros, está em constante aventura nesta vida, não conseguem criar raízes e alianças, não tem definição de nada. Desta forma não conseguirá entrar num ciclo virtuoso, e sempre estará em ciclos de derrota.

"Ele é como árvore plantada junto a corrente de águas, que, no devido tempo, dá o seu fruto, e cuja folhagem não murcha; e tudo quanto ele faz será bem-sucedido".

Salmos 1:3

Repare o texto: "Ele é como árvore plantada", por isso, caso não tenha raízes não terá frutos no tempo devido, que é a recompensa pela constância e perseverança. A contagem de ciclo se dá com um marco estabelecido, e como um ponto de partida, e qualquer mudança significativa, pode determinar um novo marco, e assim uma nova contagem.

Vou dar o meu próprio exemplo: quando casei em junho 1999, ali comecei meu ciclo. Passei por todas as fases e vivenciei cada uma delas, em 2007 comecei um novo ciclo de sete anos. Mas em junho 2008 eu tive um novo marco em minha vida, que foi a abertura do ministério Braço Forte.

Ali começou tudo de novo. Por isso é importante fazer mudanças no final de cada ciclo. Na minha vida, junho de 2007 a junho de 2008 foram perdidos.

5 – Qual a diferença entre o ciclo da derrota e o ciclo da vitória?

O ciclo da derrota se dá quando a pessoa não consegue cumprir o que cada ano pede, não consegue discernir as estações em sua vida e acaba vivendo de forma perdida e sem propósito, não criando raízes em nada, de forma inconstante e irresponsável.

Isso vai acontecer até que Deus os ilumine e mostre onde estão errando e movidos pelo arrependimento poderão iniciar um novo ciclo, encarando a vida com seriedade, especialmente corrigindo seus erros, de forma a começar a experimentar o ciclo da vitória. Já o ciclo da vitória se dá quando existe raízes e constância no que se está vivendo, assim você consegue viver conforme cada estação e fase da vida pede.

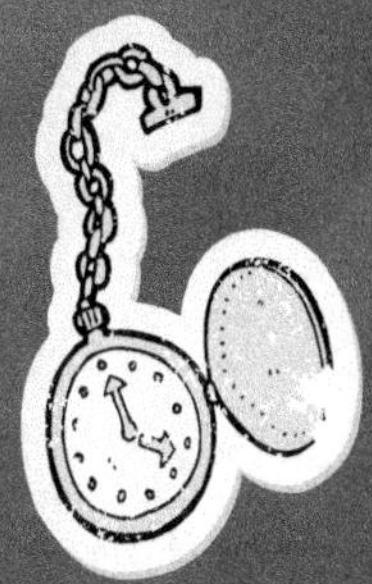

Contagem do Tempo

NOME	ANO MARCO

1° ANO APRENDIZADO	ACONTECIMENTOS
ANO	

2° ANO TRABALHO	ACONTECIMENTOS
ANO	

3° ANO COMPARTILHAR	ACONTECIMENTOS
ANO	

4° ANO OPORTUNIDADE	ACONTECIMENTOS
ANO	

5° ANO ROMPER DE DEUS	ACONTECIMENTOS
ANO	

6° ANO BENÇÃO TRÍPLICE	ACONTECIMENTOS
ANO	

7° ANO DESCANSO	ACONTECIMENTOS
ANO	

Notas

André Quincas, 8 curiosidades sobre o tempo que vão te fritar o cérebro, fev/2016. https://fatosdesconhecidos. ig.com.br/8-curiosidades-sobre-o-tempo-que-vao-te-fritar-o-cerebro/

Arthur Burk, Relentless Generational Blessing (Bênçãos Hereditárias Incansáveis), Sapphire Leadership Group, Inc, 2008

Belas mensagens. 2020.

Bill e Pam Farrel . 2014. https://www.focusonthefamily. com/marriage/how-to-keep-your-marriage-strong-during-life-transitions/

C. S. Lewis, Cristianismo Puro e Simples. São Paulo: Editora Martins Fontes, 2005.

Chuck D. Pierce & Robert Heidler, É tempo de prosperar, Belo Horizonte, Sete Montes, junho 2013

Chuck D. Pierce, É tempo de triunfar, Belo Horizonte: editora Sete Montes, 2017

Chuck D. Pierce, Interpretando os tempos. São Jose dos Campos: Editora Shofar, junho 2008

Chuck D. Pierce, Remindo o Tempo. São Jose dos Campos: Editora Shofar, julho 2012

Ciência e Cultura - Publication of Sociedade Brasileira para o Progresso da Ciência, On-line version ISSN 2317-6660 - Cienc. Cult. vol.54 no.2 São Paulo, Oct./Dec. 2002

Claudio Cesar Machado, 11 leis espirituais do crescimento, São Paulo: Autor da Fé, 2020

Claudio Cesar Machado, Saques e Depósitos. Autor da fé, São Paulo, 2020

Cristiane Bergamini, Dossiê tempo, set/2018.

David Cohen e Marcela Buscato. Com Andres Vera, Martha Mendonça e Peter Moon. O poder da amizade. 23/10/2009

Dicionário online de português. https://www.dicio.com.br/marco/

Dicionario Vine. São Paulo: CPAD, 2003

Dutch Sheets, God's Timing for your life. Ventura, CA: Regal books, 2001.

Elisangela Viana, As etapas da vida. 2018.

Grant, Adam. Dar e Receber: uma abordagem revolucionária entre o sucesso, generosidade e influência. Rio de Janeiro, Sextante, 2014

Gustavo Fonseca, Como aprender a dirigir de uma vez por todas, 2017. https://doutormultas.com.br/aprender-dirigir-definitivamente/

http://revistaepoca.globo.com/Revista/Epoca/0,,ERT100540-15224-100540-3934,00.html

http://www.comciencia.br/para-conseguir-contar-o-tempo-foi-uma-questao-de-tempo/

https://masteringalchemy.com/content/o-que-são-3ª-e-
-4ª-dimensões

https://ministerioengel.com/noticias/shemita-o-ano-de-
-descanso-e-juizo/

https://psicologado.com.br/psicologia-geral/desenvol-
vimento-humano/o-desenvolvimento-humano-ao-longo-
-do-ciclo-vital

https://pt.wikipedia.org/wiki/Anno_Domini

https://www.belasmensagens.com.br/reflexao/esconde-
-esconde-dos-sentimentos-2108.html

https://www.clubedospoupadores.com/enriquecimento/
melhorar-vida-desejos.html

https://www.psicologia.pt/artigos/ver_carreira.php?as-
-etapas-da-vida&id=357

https://www.sciencedaily.com/relea-
ses/2005/04/050415115227.htm

 https://www.stoodi.com.br/blog/dicas-de-estudo/o-que-
-acontece-com-o-nosso-corpo-quando-sentimos-medo/.
Junho 2020

James Arthur Ray, Prosperidade Harmônica, Rio de Janeiro:
editora Rocco, 2008

James Bender do livro "How to Talk Well", tradução de
Sérgio Barros, momento de reflexão. http://www.reflexao.
com.br/?sect=mensagens&t=ler&id=966

Jim Self, A course in Mastering Alchemy. Junho 2020,

Joel Engel, Ministério Engel. 14 agosto de 2015.

Jonh C. Maxwell, 21 minutos de poder na vida de um líder, Rio de Janeiro: Thomas Nelson Brasil, 2007.

Karine Gazzol, Kathiele Pezzini, Tais Cristina Favaretto, Christianne Leduc Antunes, Livia Garcez, Cristina Ribas Teixeira. Out/2018.

Leandro Avila, Melhorar a vida financeira para realizar desejos, acessado em 20/08/2020

Mariana Araguaia, Bióloga, 2020. https://escolakids.uol.com.br/ciencias/as-fases-da-vida.htm

Nicholas A. Christakis MD PhD e James H. Fowler PhD | Connected: The Surprising Power of Our Social Networks and How They Shape Our Lives . 31 ago 2009

Revista Super Interessante, Atualizado em 31 outubro 2016 – publicado em 30 abril 1988, https://super.abril.com.br/ciencia/questao-de-tempo/

Roberto Gil Espinha, Milestone: classifique as entregas e benefícios dos seus projetos. https://artia.com/blog/milestones-classifique-as-entregas-e-beneficios-dos-seus--projetos/

ScienceDaily.com, What Is Time? Abril, 2005,

Stoodi Ensino e Treinamento a distância S.A.

Wiersbe, Warren W. Comentário bíblico expositivo: antigo testamento: volume II, histórico / Warren W. Wiersbe. Santo André São Paulo. Geográfica editora, 2006.

LEIA TAMBÉM

LANÇAMENTO
CLÁUDIO CÉSAR MACHADO
Saques&
Depósitos
DESCUBRA UMA NOVA VISÃO
SOBRE O REINO DE DEUS

LEIA TAMBÉM

CLÁUDIO CÉSAR MACHADO
AS 11 LEIS
ESPIRITUAIS DO CRESCIMENTO
CONSELHOS DE PAULO
PARA TIMÓTEO

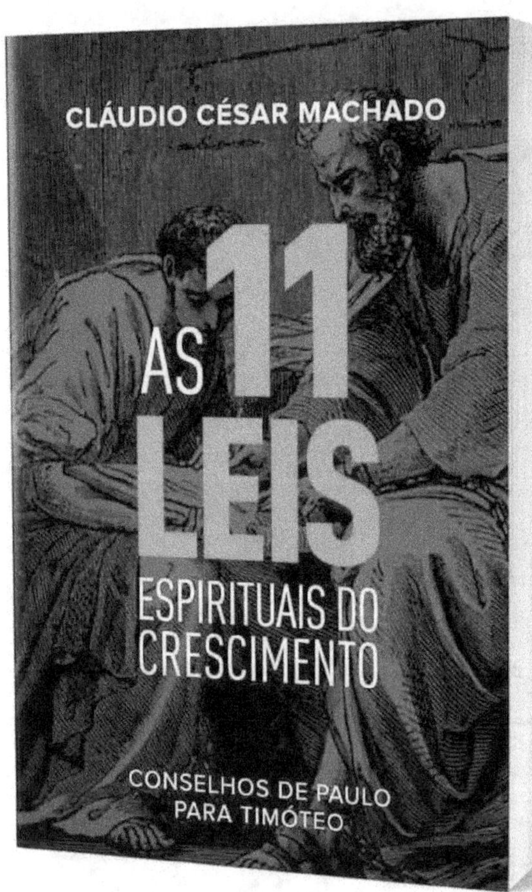

www.ingramcontent.com/pod-product-compliance
Lightning Source LLC
Chambersburg PA
CBHW050504160726
48003CB00001B/156